二

对许多农民来说，土改后的“蜜月年代”主要是重建家庭、结婚生子和提高家庭收入①，而不是其他更高的追求。农民这种根深蒂固的观念，显然跟当时的国家建设要求相去甚远；在当时的历史条件下，如果不对他们进行社会主义改造，就无法进行社会主义国家建设。正如中共中央在1953年的《关于发展农业生产合作社的决议》中所指出的：“农民的生产积极性表现在两个方面：一方面是个体经济的积极性，另一方面是互助合作的积极性。这两个方面的积极性反映农民（主要是中农）本身是劳动者又是私有者的两重性质。从农民是劳动者这种性质所发展的互助合作的积极性，表现出农民可以引向社会主义；从农民是私有者和农产品的出卖者这种性质所发展的个体经济的积极性，表现出农民的自发趋向是资本主义。这就不可避免地在农村中产生了社会主义和资本主义这两条发展道路的斗争，而由于农业经济的恢复和逐步上涨，这两条发展道路的斗争，就越来越带着明显的、不可忽视的性质。我们的政策是在于积极地而又谨慎地经过许多具体的、恰当的、多样的过渡的形式，把农民的个体经济的积极性引到互助合作的积极性的轨道上来，从而克服那种建立在个体经济基础上的资本主义自发势力的倾向，逐步过渡到社会主义。”②

对农民进行社会主义改造，在当时的条件下，有效的办法只能是着眼于他们所注重的家庭利益，从农业生产的互助合作上入手。譬如，农业互助组有利于刚分到土地的分散小农克服劳力和生产资料不足等实际困难，共同发展农业生产。并且互助组显示出来源于“土生土长的传统”而不是

---

① 〔美〕弗里曼，毕克伟，赛尔登．中国乡村，社会主义国家［M］．陶鹤山，译．北京：社会科学文献出版社，2002：251.

② 中共中央．关于发展农业生产合作社的决议［N］．人民日报，1954－01－09.

“政府机关”的属性①，也受到了绝大部分农民的亲近和欢迎。

在此基础上，党和政府积极引导农民从互助组进一步向合作社、高级社、人民公社发展，从而实现从农民私有制向半社会主义的转变，最终实现全社会主义。虽然农民从互助合作中得到了利益，但是，小农固有的“劣根性”并未根除，许多农民（特别是中农）在向更高级的合作化方向发展时总是停滞不前，甚至一些地方出现农民“退社”的风潮。尽管“忠于国家忠于党的新精神已对家庭主义发动了进攻，但并不总是奏效的”②。农民仍然只关注自家的利益，对于国家和社会的建设无意顾及。中共中央主席毛泽东认为互助组还不能阻止农民只关注私利，唯有合作社才能彻底地改造农民③。于是，中共中央要求各地积极地去改造小农经济。“如果我们对于互助合作运动采取消极的放任自流的态度，如果我们只安于小农经济的现状，不给小农经济指出社会主义改造这一条正确的光明的和广阔的出路，那就一定会发展到放弃社会主义在农村的阵地，帮助农村资本主义自发势力的生长，因而也就一定会妨碍农业生产力的上升和农民生活的继续改善，破坏工业和农业的平衡，破坏计划经济和国家工业化，破坏工农联盟。”④

从1952年起，一些地方就开始试办农业合作社。到1955年4月，全国农业合作社达到67万个。初级社很快过渡到高级社，尽管当时中央领导为此出现了较大分歧。至1956年年底，我国农村生产资料私有制的社会主义改造任务基本完成，初级社迅速过渡到了高级社。

我国农业合作化和农村生产资料私有制的社会主义改造，很快进入社

---

① 〔美〕马克·赛尔登. 革命中的中国：延安道路［M］. 北京：社会科学文献出版社，2002：235.

② 〔美〕费正清. 美国与中国［M］. 张理京，译. 北京：世界知识出版社，2002：25.

③ 中共中央文献研究室. 关于召开第三次农业互助合作会议同陈伯达、廖鲁言的谈话［M］//建国以来毛泽东文稿（第四册）. 北京：中央文献出版社，1990：356-360.

④ 中共中央. 关于发展农业生产合作社的决议［N］. 人民日报，1954-01-09.

共中央召开政治局扩大会议，通过了《中共中央关于在农村建立人民公社问题的决议》，9 月 10 日《人民日报》全文发表了这个决议，要求全国各地尽快将小社并成大社，转为人民公社。到 9 月底，全国基本实现了公社化。有 27 个省区市建立了人民公社，共计 23384 个，入社农户占总农户的 90.4%，其中有 12 个省达到 100%。河南、吉林等 13 个省，有 94 个县以县为单位建立了人民公社。1956 年上半年刚建立起来的 70 多万个高级农业合作社，仅仅两年就被 2 万多个政社合一的人民公社所代替。

人民公社一开始奉行"一大二公"，一是片面追求人民公社规模大，二是片面追求公社公有化程度高。例如河北徐水县，当时就把全县 248 个高级社合并为一个公社，被称为徐水县人民总公社。毛泽东视察徐水之后，徐水县人民总公社便成为全国"跑步进入共产主义"的实验区。又如北京郊区，1959 年底就有 13 个公社转成全民所有制，占郊区公社总数的 17.1%，户数、人口、耕地约占 20%①。这种不切实际的做法，不但严重脱离了农村实际，导致农村基层政权基础不牢，而且极大地挫伤了农民农业生产的积极性。数据显示，在人民公社初期（即大公社时期），全国粮食产量急剧减少，但粮食征购量却不降反升，征购比例高达 33%。尤其是 1959 年，当年粮食产量比上年减产 3000 万吨，但粮食征购量居然增加 864.5 万吨，粮食征购比例从 29.4% 飙升到 39.7%②。在随后一两年里，人民生活陷入困难境地。1960 年底至 1961 年初，党号召在农村进行"整风整社"，纠正干部强迫命令、特殊化、瞎指挥、浮夸风和共产风"五风"错误，退赔平调社、队、社员个人的财产。

1961 年 6 月 15 日，中共中央颁布《农村人民公社工作条例（修正草案）》③，确定农村实行公社、生产大队、生产队"三级所有，队为基础"

---

① 北京市农村经济研究中心. 北京市农村改革发展 60 年大事记（1949—2009 年）[M]. 北京：中国农业出版社，2010：45.

② 辛逸. 农村人民公社分配制度研究 [M]. 北京：中共党史出版社，2005：46.

③ 中共中央. 农村人民公社工作条例（修正草案）[M] //中共中央文献研究室. 建国以来重要文献选编（第十四册）. 北京：中央文献出版社，1997：401.

的人民公社体制。同时，缩小公社规模。像湖北等地将原大公社改为“区”，原大公社下面的非正式的“管理区”改为公社，于是普遍地形成了“县—区—公社”管理体制。这种体制保持的时间较长，直到农村改革后“撤社建乡”，依然延续的是这种“县—区—乡（镇）”体制。在缩小公社规模的同时，明确以生产队（即小队）为基本核算单位，恢复原高级社定额管理、按件计分、小段包工等经营管理办法，加强计划管理、劳动管理、财务管理和收益分配（即“三管一分”）等工作；允许社员从事正当的家庭副业和经营一定数量的自留地，实行“大集体”与“小自由”相结合的政策，农民原来被挫伤的积极性得到一定的恢复，农业生产因此获得较大发展。1962 年农村经济形势开始好转，全年粮食总产量比 1961 年增长了 62.5 亿公斤，全国已有 1/4 的县农业总产量恢复甚至超过了 1957 年的水平①。

然而，这些只是对人民公社体制做了小的调整，它没有消除人民公社体制的根本弊端，当时的主流思想仍然强调最终过渡到人民公社统一核算②。农民的实际生活状况并没有得到根本性改善。据统计，当时农民纯收入折合成粮食，1957 年为 1095 斤，1978 年才 1255 斤，其中来自集体的纯收入由 652 斤增加到 832 斤③。与 1954 年相比，1978 年农民生活消费支出仅增加 56.5 元，恩格尔系数从 68.6% 下降至 67.7%，即 24 年间只下降了 0.9 个百分点④。邓小平曾经指出，“从 1958 年到 1978 年 20 年时间，实际上处于停滞和徘徊的状态，国家的经济和人民的生活没有得到多大的发展和提高”（《人民日报》，1987 年 6 月 12 日）。在这期间，绝大部分农民生活非常艰难。

通过集体化乃至最终的人民公社化，实现了国家对乡村社会的全覆盖

---

① 罗平汉．农村人民公社史［M］．福州：福建人民出版社，2006：256.
② 王贵宸．中国农村合作经济［M］．太原：山西人民出版社，2006：452.
③ 罗平汉．农村人民公社史［M］．福州：福建人民出版社，2006：404.
④ 张晓山，李周．新中国农村 60 年的发展与变迁［M］．北京：人民出版社，2009：8.

或全吸纳，形成一种“全能主义国家”或“总体性社会”治理模式。在人民公社化这种高度国家化的体制中，队为基础的三级组织完全取代了一切的国家的和社会的各种组织；除此以外，不再有任何其他的生产、生活、娱乐组织，农村社会几乎就是一个军事化的社会①。正是这样自上而下的国家政权组织体系建构，像一个巨大的网一样，把原来分散的小农及星罗棋布且互不隶属而形成蜂窝状的千百万个村庄笼罩其中。究其实质，乃是组成一个“国家覆盖社会”或政治一体化的治理体系。

与之相配合，从1963年开始，党号召在农村先后开展“四清”（即清工分、清账目、清财务、清仓库）、“社教”（即社会主义教育）、“农业学大寨”等各种形式的运动。由此可见，我国农村从互助组、合作社到最终的人民公社化发展，完全符合当时国家政权建设和国家整体经济建设的总体需要，并与其意识形态要求相耦合。也就是说，从生产力到生产关系，从经济基础到上层建筑、意识形态来看，从合作化转向人民公社化都是一个合乎逻辑的发展过程。

具体而言，它除了满足政治的需要以外，便是方便从乡村社会隐蔽性汲取资源，以服务于国家工业化和现代化建设的需要。有学者测算，1952—1957年通过工农业产品“剪刀差”从农业部门集聚的净积累为475亿元，占同期财政收入的30.9%；1959—1978年为4075亿元，占同期财政收入的21.3%；两者分别相当于同期农业税的2.7倍和7.2倍。另有学者测算，1952—1978年，农业净流出资金达3120亿元，相当于同一时期国有企业非农固定资产原值的73.2%②。尽管各个学者的计算方法、口径不尽相同，计算的具体数据也有出入，但其结论几乎是一致的，中国工业化的原始积累来自农业，以牺牲农民的利益为代价。换言之，“这一时期乡村价值和乡村建设被定义为：农业为工业化和现代化提供积累，乡村为

① 李守经，邱馨．中国农村基层社会组织体系研究［M］．北京：中国农业出版社，1994：72．

② 张晓山，李周．新中国农村60年的发展与变迁［M］．北京：人民出版社，2009：4．

城镇发展提供服务，并逐步形成了工业主导农业、城市主导乡村的工农城乡关系和工农城乡不平等的利益交换格局”①。“人民公社20多年时间，通过政社合一、党政合一、三级所有、队为基础的组织结构，为国家提供了进行现代化建设所需要的人财物资源，并最终将中国由一个基本上的农业国（新中国成立之初农业产值占国民生产总值的约80%），建成了一个工业国（人民公社解体时农业产值占国民生产总值的约20%）。应该说，在无法从国外获取资源的前提下，人民公社制度为完成中国工业化的原始积累，立下汗马功劳。”②

通过人民公社这种体制构造，国家从农村高强度地汲取资源，因为不是直接以农户为计征单位，农民往往难以直接地感同身受。有学者指出，在人民公社时期农民负担要比20世纪八九十年代重得多，人民公社时期农民负担与上年农民纯收入的比例最高达35.2%（1970年），最低也有20%（1962年），一般在25%左右，而且，这些数据还没有将那个时期极为严重的工农业产品“剪刀差”和大量无偿调用的农业劳动力计算在内③。只是在那时，这些极为严重的农民负担是通过农村基层集体组织间接征收的，被人民公社制度掩盖了。

与人民公社这种全能型管治体制相统一的是，我国建立了影响深远的以户籍制度以及与之相配套的用工和福利、分配制度为基本内容的城乡二元分治体制，严格管制农民的自由流动，将农民牢牢地束缚于土地之上。

可以说，伴随着整个农业合作化发展过程，每年都有大量的农民流入城市。从中央到地方，都要求农民返回农村，从事农业生产。1953年4月17日，政务院就曾发布指示，要求劝止农民盲目流入城市④。1956年12

① 张军．乡村价值定位与乡村振兴［J］．中国农村经济，2018（1）．

② 贺雪峰，苏明华．乡村关系研究的视角与进路［J］．社会科学研究，2006（1）．

③ 林万龙．乡村社区公共产品的制度外筹资：历史、现状及改革［J］．中国农村经济，2002（7）．

④ 政务院．关于劝止农民盲目流入城市的指示［J］．安徽政报，1953（5）．

月，国务院又专文指示防止农村人口盲目外流①。一年后，即1957年12月18日，则以中共中央、国务院的名义联合发布指示，要求各地制止农村人口盲目外流。这个指示开门见山地指出："去冬今春曾有大量农村人口盲目流入城市，虽经各地分别劝阻和遣送返乡，但是还没有能够根本制止。今年入秋以来，山东、江苏、安徽、河南、河北等省又发生了农村人口盲目外流现象。……农村人口大量外流，不仅使农村劳动力减少，妨碍农业生产的发展和农业生产合作社的巩固，而且会使城市增加一些无业可就的人口，也给城市的各方面工作带来了不少困难。"②

早在1951年7月16日公安部就公布了《城市户口管理暂行条例》。1954年10月，内务部制定《户口登记暂行办法（草案）》。1955年6月，国务院发布建立经常户口登记制度的指示③。最后，在1958年1月9日全国人大常委会通过《中华人民共和国户口登记条例》，从法律上限制农民流向城市。其中，针对农民流入城市问题，这个条例第10条第2款规定："公民由农村迁往城市，必须持有城市劳动部门的录用证明、学校的录取证明，或者城市户口登记机关的准予迁入的证明，向常住地户口登记机关申请办理迁出手续。"正如时任公安部部长罗瑞卿所作的说明："从长远情况看，我国社会主义建设的方针，是在优先发展重工业的基础上，发展工业和发展农业同时并举。无论工业生产和农业生产，都必须按照国家统一的规划和计划进行。因此，城市和农村的劳动力，都应当适应社会主义建设的需要，进行统一的有计划的安排，既不能让城市劳动力盲目增加，也不能让农村劳动力盲目外流。而且，我国当前情况是城市劳动力已经过多，农村生产则有很大潜力，可以容纳大量劳动力。"④

---

① 国务院. 关于防止农村人口盲目外流的指示［J］. 江西政报，1957（02）.

② 中共中央，国务院. 关于制止农村人口盲目外流的指示［J］. 江西政报，1957（23）.

③ 国务院. 关于建立经常户口登记制度的指示［J］. 湖南政报，1955（11）.

④ 罗瑞卿. 关于中华人民共和国户口登记条例草案的说明［J］. 江西政报，1958（2）.

即便如此，仍然有大量农民流入城市。例如，1959 年 2 月，安徽省人民委员会发出通知，指出："我省外流的农村人口较多，给生产和政治上都带来些不良影响。为了接领他们回乡生产，省和有关专县联合组成了工作组，分赴各地进行动员遣返工作。"① 针对农民外流，安徽各地还设立了"劝阻站"②。直到改革开放初期，一直都限制农民流入城市。1981 年国务院还专门下发文件，严格控制农村劳动力进城做工和农业人口转为非农业人口，要求"引导农村多余劳动力在乡村搞多种经营，不要往城里挤"③。直到 1984 年中共中央发出《关于 1984 年农村工作的通知》，才开了"口子"同意各地试点，"允许务工、经商、办服务业的农民自理口粮到集镇落户"④。1985 年中共中央、国务院联合公布《关于进一步活跃农村经济的十项政策》，正式提出"允许农民进城开店设坊，兴办服务业，提供各种劳务"⑤。实际上，农民大规模外出务工还是在 20 世纪 90 年代以后。

将人口人为地区分为"农业人口"和"非农业人口"，并严格限制农业人口进城自由择业和居住，这种户籍制度逐渐固化下来，并赋予不同的户籍以不同的社会身份、福利待遇和相应的权利，最终形成了具有中国特色的城乡二元分治制度。这种制度"实际上是一种对农民过度剥夺的社会利益结构，在这种结构之下，农民的土地财产权、自由迁徙权、民主自治权、生产经营自主权和基本公共服务平等享有权都受到极大侵害"⑥。而从

① 安徽省人民委员会. 关于动员外流农民回乡生产的通知（民字第 79 号）[J]. 安徽政报，1959（2）.

② 安徽省人民委员会. 关于劝阻农村人口盲目外流的补充通知（民字第 83 号）[J]. 安徽政报，1959（2）.

③ 国务院. 关于严格控制农村劳动力进城做工和农业人口转为非农业人口的通知（国发〔1981〕181 号）[J]. 中国劳动，1982（2）.

④ 王振川. 中国改革开放新时期年鉴（1984 年）[M]. 北京：中国民主法制出版社，2014：12 – 16.

⑤ 中共中央，国务院. 关于进一步活跃农村经济的十项政策（中发〔1985〕1 号）[EB/OL]. 中国网，2012 – 02 – 02.

⑥ 张晓山，李周. 新中国农村 60 年的发展与变迁 [M]. 北京：人民出版社，2009：466.

人（标准为206元/人/年），贫困发生率降为14.8%①。

随着农村土地“大包干”的普遍推行以及人民公社制度的最终破产，农民负担问题与农民逐渐产生了直接的利益关联，农民对农民负担的感受更加直接、更加强烈，开始怨声载道，并动摇对农村基层政府的合法性认同。农民抗税抗粮、集体上访和群体性事件不断发生，一时成为中国农村的普遍现象和主要问题②。2000年，中央决定首先在安徽全省进行农村税费改革试点，一两年后便在全国普遍推行农村税费改革。2005年12月，则全面取消农业税，我国农村税费改革才告一段落。与农村税费改革之前的1999年相比，2006年全国农民每年减轻负担约1250亿元，其中336亿元为农业税，714亿元为“三提五统”。按照8亿农民计算，农民人均减负140元③。同时，国家还逐年加大对“三农”的投入和补贴力度，实施了一系列惠农措施，国家“三农”政策实现了对农民“少取”“不取”到“多予”的根本转向。

与普遍实行农村家庭联产承包责任制和农村税费改革这两项重大农村改革相伴随的是，改革开放以来的农村社会治理大致经历了两次重大变革：第一次变革发生在农村土地家庭经营改革之后，农村土地经营制度的变革促使人民公社体制的最终解体，在“公社”一级恢复建立了乡镇政府，在村（生产大队）一级推行村民自治制度，最终确立了一种“乡政村治”的新型农村治理体制④；第二次变革发生在农村税费改革之时，农村

① 陈锡文．从农村改革四十年看乡村振兴战略的提出［J］．行政管理改革，2018（4）．

② 陈文胜．中央一号文件的三农政策变迁与未来趋向［J］．农村经济，2017（8）．

③ 张晓山，李周．新中国农村60年的发展与变迁［M］．北京：人民出版社，2009：14．

④ “乡政村治”这一概念由张厚安最早提出来。他认为，“‘乡政村治’，乃是在治理乡村过程中形成的一种格局”。“乡政”与“村治”的结合，“就形成了当今有中国特色的农村政治模式，现在，我们治理有80%人口生产、生活在其中的中国农村，就是靠5万多个乡镇政权和100多万个村民委员会，就是靠这两者的结合”。参阅张厚安．乡政村治——中国特色的农村政治模式［J］．政策，1996（8）．

税费改革一开始是以减轻农民负担为主旨的农村分配关系的一项调整，但是，这项改革所引起的反应却远远超出了农村分配关系的范畴，波及农村社会结构和价值领域，其主要表征是“空心化”“个体化”①。

人民公社这种高度集中的政社合一的农村治理体制，必然与农村家庭经营体制相矛盾，因为它“无法容忍新兴的社会力量，无法协调和统率社会”②。1982 年 12 月 4 日，五届全国人大五次会议通过新《宪法》，否定了人民公社体制，该宪法重新规定乡、民族乡、镇为我国农村基层政权组织。1983 年 1 月 2 日，中共中央印发了《当前农村经济政策的若干问题》（即 1983 年 1 号文件），指出人民公社的体制，要从两方面进行改革，即实行生产责任制，特别是联产承包制；实行政社分设。1983 年 10 月 12 日，中共中央、国务院联合公布了《关于实行政社分开建立乡政府的通知》（中发〔1983〕35 号），这个通知明确指出：“随着农村经济体制的改革，现行农村政社合一的体制显得很不适应。宪法已明确规定在农村建立乡政府，政社必须相应分开。”③ 到了 1983 年底，全国已有 12702 个人民公社宣布撤销，到 1984 年底，又有 39838 个人民公社摘掉牌子，到 1985 年，我国农村全部完成“政社分开”、重建乡级政府的工作，取而代之的是 79306 个乡、3144 个民族乡和 9140 个镇④。这次“政社分开”肇因于农村经济基础的变革——由于农村土地经营制度的改革，原来建筑其上的人民公社体制因此而解体。人民公社体制的松动乃至最终解体，是与其经济基础的变革相一致的。

在 1983 年中共中央、国务院联合发布的《关于实行政社分开建立乡政府的通知》还要求，在实行政社分开、建立乡政府的同时，“按乡建立乡党委，并根据生产的需要和群众的意愿逐步建立经济组织”；在原来的

---

① 吴理财. 论个体化乡村社会的公共性建设［J］. 探索与争鸣，2014（1）.

② 张厚安，徐勇. 中国农村政治稳定与发展［M］. 武汉：武汉出版社，1995：211.

③ 中共中央，国务院. 关于实行政社分开建立乡政府的通知（中发〔1983〕35 号）［J］. 中华人民共和国国务院公报，1983（23）.

④ 陈锡文，罗丹，张征. 中国农村改革 40 年［M］. 北京：人民出版社，2018：123.

"生产大队"和"生产队"一级相应地建立"村民委员会"和"村民小组","村民委员会是基层群众性自治组织……村民委员会要积极办理本村的公共事务和公益事业。协助乡人民政府搞好本村的行政工作和生产建设工作"①。也就是说,当时的"政社分开"是从两个方面展开的:其一,在"公社"一级"撤社建乡",重构农村基层政权组织;其二,在"公社"以下层级实行"村民自治",重塑农村基层社会组织。到 1985 年,全国建立了 948628 个村民委员会和 588 多万个村民小组②。

不过,村民自治制度的推行比较缓慢。1986 年 9 月,中共中央和国务院发出《关于加强农村基层政权建设工作的通知》,提出发挥群众自治组织自我教育、自我管理、自我服务的作用。1987 年 7 月,邓小平在会见意大利共产党领导人时指出,"把权力下放给基层和人民,在农村就是下放给农民,这就是最大的民主"。1987 年 10 月召开的党的十三大提出:"要充分发挥群众团体和基层群众性自治组织的作用,逐步做到群众的事情由群众自己依法去办。"甚至时任全国人大常委会委员长彭真同志还曾提出:"农民群众把一个村的事情管好了,逐渐就会管一个乡的事情,把一个乡的事情管好了,逐渐就会管一个县的事情,逐步锻炼,提高参政议政能力,逐步向上延伸,逐步扩大民主范围。"③ 1987 年 11 月 24 日,全国人大常委会通过《中华人民共和国村民委员会组织法(试行)》,并从 1988 年 6 月 1 日起在全国试行。直到 1998 年 11 月 4 日,第九届全国人大常委会第五次会议才正式通过这部法律④。如果从中共中央、国务院联合发布《关于实行政社分开建立乡政府的通知》之日算起,村民自治制度在我国

① 中共中央,国务院. 关于实行政社分开建立乡政府的通知(中发〔1983〕35 号)[J]. 中华人民共和国国务院公报,1983(23).

② 陈锡文,罗丹,张征. 中国农村改革 40 年[M]. 北京:人民出版社,2018:123.

③ 人民出版社. 彭真文选(一九四一——一九九〇年)[M]. 北京:人民出版社,1991:608.

④ 2010 年 10 月 28 日,第十一届全国人大常委会第十七次会议,对《中华人民共和国村民委员会组织法》又进行了修订。

经历了长达15年之久的试行期。在这期间，全国各地在村民自治的具体形式、选举方式和运行机制上，进行了各种有益的实践探索，形成了具有地方特色的创新经验。譬如，吉林梨树县创造的“海选”、安徽岳西县莲云乡腾云村最早实行的村委会“组合竞选制”，还有许多农村采取的“两票制”等。其中一些村级选举经验（譬如“公推直选”）还被推广到乡镇政府和事业单位的选举之中。诸如“海选”等地方创新经验甚至推广到全国。

伴随着农村土地经营制度的改革及其深入发展，农村治理的主要变化是，在“撤社建乡”的同时，逐步在村一级推行村民自治制度，并最终形成了“乡政村治”的农村治理架构。

虽然后来各地也经过“撤区并乡”“简政放权”等多次乡镇改革，但这些改革只是对乡域规模、乡镇政府权力做了适当调整，并无体制性创新。步入21世纪，围绕农村税费改革，各地又进行了乡镇综合配套改革。这次乡镇配套改革主要以精简为核心内容：一是乡、村、组再次进行了较大规模的合并；二是精简乡镇工作人员，一些地方还鼓励乡镇党委政府“交叉任职”；三是精简和规范了乡镇政府的内设机构，统一设置为3～5个综合性办公室；四是对乡镇“七站八所”进行精简和整合，成立综合性服务中心。个别地方（譬如湖北省）还借此撤销了乡镇站所，农村公共服务实行“以钱养事”新机制。

但是，农村税费改革的一个意外后果是，在一定程度上加剧了农民个体与村庄集体乃至农村基层政府的疏离，因为二者之间缺乏有效的联结沟通机制，以致有学者提出“悬浮性政权”概念来描述后农村税费改革时代的乡镇政府与乡村社会“脱嵌”的状态。与此同时，农村社会又处于“空心化”“个体化”急剧转型之中，无论从纵向上的国家与乡村社会关系来看，还是从横向上的乡村社会自身的联结和合作来看，都面临着重新将农民组织起来、进行有效社会整合、加强乡村共同体建设、提升农民互助合作能力、激发乡村社会活力的挑战。

在农村家庭联产承包和农村税费改革两次大的农村改革的基础上，最近十余年，党和国家又在农村实行了社会主义新农村建设、农村集体产权制度改革、农村社区建设等一系列的建设、改革。同时，积极推进城乡从“分割”到“统筹”“融合”发展。最终在党的十九大报告中，提出并系统阐述了乡村振兴战略。这些农村改革和建设，从短的历史时期来看，它是对农村社会转型中出现的新问题、新矛盾的回应，而从长的历史发展来看，它是沿着改革开放以来的改革逻辑逐层递进和深入发展的，从根本上而言“都是旨在破除传统的人民公社体制及与此相应的一系列制度和政策，赋予农民及农村集体更大的独立性和自主性，着力将农民及农村集体经济组织从传统的计划经济、组织体制、管理体制、经营方式以及城乡二元体制中解放出来”①。

在新时代，深化农村改革必然要求在农村基层构建简约高效的、以改善农村公共服务为主要内容的、“以人民为中心”的新型农村治理体制和机制。在村民自治的基础上引入德治和法治，通过自治、德治、法治的有效结合，构建党委领导、政府负责、社会协同、公众参与、法治保障的现代乡村社会治理体制。通过体制和机制的创新，促进农村治理体系和治理能力的现代化。

四

到2019年，中华人民共和国已成立70年了。如果以1978年农村改革为时间节点，大致可以分为两个主要历史阶段：前30年旨在建立与计划经济、全能主义国家相适应的、以人民公社体制为代表的一套系统的农村治理体制机制，这一体制机制服务于当时的国家政权建设和整个国民经济建

① 项继权．改革40年：农民和集体不断解放的过程［J］．华中师范大学学报（人文社会科学版），2018（5）．

设的需要；后40年旨在逐步破除人民公社体制以及与此相应的一系列制度和政策，形成与社会主义市场经济发展要求相适应的农村治理体制机制。如果从权利或权力的角度而言，前一个历史阶段的农村治理是“集权”的过程，后一个历史阶段的农村治理则是“放权”的过程；如果从国家与社会关系而论，前一个历史阶段的农村治理具有明显的“国家化”特色——这个阶段的农村治理或可称为“国家对农村的治理”，后一个历史阶段的农村治理则具有一定的“社会化”的特色——这个阶段的农村治理或可称为“国家在农村（社会）的治理”。

纵观70年来的所有这些农村治理变革，都必然涉及经济基础与上层建筑、国家与乡村社会、农业与工业、农民与工人、城市与乡村关系的调整，并伴随着个体私有制与集体所有制、计划经济与市场经济、姓“社”与姓“资”、“左”与右的斗争或争论。

1949年以来，尽管每个历史时期的农村治理的主题及其内容并不相同，可是它在社会主义中国却一以贯之地遵循着国家的基本逻辑。并且，党和国家在农村治理变迁中扮演着引导者、规划者、改造者或建设者的角色。改革开放以来我国农村民主得到了长足发展，农村人民参与乡村政治的渠道、体制和机制均有很大进步，但同时党和国家并未放松对乡村社会的领导和治理，只不过在不同的历史时期具体的领导和治理方式、手段有所不同而已。中华人民共和国成立以来的农村治理，始终是也必然是党规划—国家主导的社会主义农村治理模式。

此外，我国农村治理及其变革、调整还与人们对“乡村”和“农业”（价值）的认识密切相关。如果仅仅将“乡村”或“农业”视为一种可“剥夺”（汲取）的资源，农村治理就往往采取（强）控制的方式；当把“乡村”和“农业”视为一种生存方式或者对于人类持续发展具有不可替代价值的社会生活体，不但会改变过去那种只看重经济价值、将其视为一种经济行为的观念，相应地转向更加注重其社会、文化、生态价值，而且会强调农村治理中的社会自治、乡村内生动力以及乡村社会主体的作用。

党的十九大报告提出“乡村振兴”战略，就是建立在对“乡村”和“农业”（价值）的重新认识的基础之上的。我们相信，“乡村振兴”战略的实施，将对农村治理提出新要求、新方向。

总而言之，农村治理及其变迁，与党和国家的总方针、总路线、总战略相一致，与其所处的社会、经济、文化与政治体制相一致。透过农村治理及其变迁，大致可以窥见一个特定历史时期的社会、经济、文化、政治体制的主要特点和基本情况。简言之，农村治理及其变迁受制于一个历史时期的社会、经济、文化、政治体制。

乡政村治二十五年：检讨与创新

农村改革以后，由于土地经营制度的变革，在我国农村实行长达1/4世纪的人民公社体制随之解体；在“撤社建乡”的同时，逐步在村一级推行村民自治制度，并最终形成了“乡政村治”的农村治理体制。或许是一种历史的巧合吧，这一制度安排至今也恰好是1/4世纪（如果从1983年正式算起的话①）。从表面上来看，它是国家权力从农村基层社会适时退出、促进公民社会发育，并实现乡村社会的自我（民主）治理的一次制度安排的调整②，但是，实践的结果却跟这个初衷相差千里。

一、我国农村治理体制存在的问题

从“乡政村治”农村治理体制二十余年的实际运作来看，它主要存在着“村治”流于形式、“乡政”合法性不足、农村治理陷入困局等突出问题。

1. 村民自治流于形式

村民自治是在我国村一级实行的一种农村居民自治形式，依据法律之

---

① 注释：因为1983年10月12日，中共中央、国务院发布了《关于实行政社分开建立乡政府的通知》（中发〔1983〕35号）。

② 俞可平，等．中国公民社会的兴起与治理的变迁［M］．北京：社会科学文献出版社，2002；于建嵘．新时期中国乡村政治的基础与发展方向［J］．中国农村观察，2002（1）．

规定，村民委员会又是村民自我管理、自我教育、自我服务的基层群众性自治组织，实行民主选举、民主决策、民主管理、民主监督①。也就是说，广大村民主要是通过民主选举产生的村委会，由它实行日常性的民主治理②。然而，自村民自治推行之日以来，始终存在着一股力量使之流于形式。

一是在实际的运行中，个别乡镇政府会自觉或不自觉地把村委会当作自己的下属机构，要么直接向其发布行政命令，要么通过干预村委会选举、间接通过党支部的领导、通过所谓的目标考核或者财务管理等途径达到控制村委会的目的，从而在乡、村之间形成一种领导与服从的关系，村委会因此被乡镇政府“内部化”，日益成为一种准官僚组织③；尤其是农村税费改革之后，村委会干部的工资报酬由上级转移支付负担以后，使一些村委会更加依附于乡镇政府，而自愿“行政化”，村民自治因此日趋形式化。

二是个别村党支部凌驾于村委会之上，村委会难以发挥正常的自治功能。应该说，村级“两委”之间的矛盾或冲突问题，一直困扰着农村村民自治的发展。首先“两委”权力来源不同，其权威基础和功能亦不相同。党支部的权力是一种政治领导权，它的权力来源主要是上级的乡镇党委组织，主要代表执政党的意志；村委会权力是一种群众性自治权力，其权力直接来源于村民的委托与认可，主要代表村民的利益，这是导致其矛盾出现的理论根源。其次是“两委”间的人际冲突。“两委关系”矛盾的现实表现是两委成员间的个人冲突，“两委关系”的协调与否在现实中很大程度上取决于其内部各成员之间的关系④。尽管近年有不少地方实行了“一

① 参阅《中华人民共和国村民委员会组织法》第二条，1998 年 11 月 4 日第九届全国人民代表大会常务委员会第五次会议通过。

② 除了村委会以外，村民还可通过村民大会、村民代表会议、“一事一议”等形式或机制，实行“村民自治”。

③ 吴理财．乡镇改革与后税费时代乡村治理体制的构建［J］．中共福建省委党校学报，2007（1）．

④ 王久高．“两票制”“一肩挑”和“一制三化”模式探讨［J］．云南行政学院学报，2007（4）．

肩挑”，但“两委”权力来源和功能却不会因此而改变，从而导致村级组织“行政化”、村民自治“虚化”。

三是村组合并，使村民自治失去社会基础。在农村税费改革中，一些地区基于财政压力及简单的“减人、减支”目的，大幅度地合并村组，给村级民主选举和村级治理带来了新的问题。众所周知，农民一般的日常生活很少会超出“自然村”的范围，“自然村”是在农民长期的生产、生活中形成的。如果说“自然村”是农民的“熟人社会”的话，一两千人的“行政村”可以算得上是“半熟人社会”。“行政村”大多是由人民公社时期的“生产大队”直接演变过来的，农民之所以会认同“行政村”为“半熟人社会”，是由于长达二三十年的人民公社体制造就的集体主义新传统。广大农民生活在这样千万个“熟人社会”和“半熟人社会”之内。在短期内大幅度合并村组，一下子打破了农民的日常生活界限，农民不可能在较短的时间内适应村组合并的新“场域”，他们的日常交往一如既往地局限在原来的界域内。由于各个村组之间原来的土地、山林等资源丰歉不均，债务和集体经济也不尽均衡，一些合并后的村组为了避免矛盾，采取“一村多制”的方式进行治理，即涉及土地、债务这样农民敏感的经济利益问题依然维持原来的村组格局，不再打乱重分。这样一来，虽然形式上进行了村组合并，但是农民的日常生产、生活乃至地缘认同却未随之改变①。所以，在村民选举方面，由于村民之间相互不熟悉，很难选择合适的村委会班子人选；在日常的村级治理中，也因为村域规模过大、人口分散难以召开村民大会或村民代表会议，从而使“村民自治”异化为“村委会自治”。

2. “乡政”合法性不足

乡镇政府作为国家设在农村最基层的一级政府机构，除了进行必要的社会管理以外，更主要的是履行公共服务的职能，为农民提供基本的、均

① 吴理财. 合村并组对村治的负面影响［J］. 调研世界，2005（8）.

等化的公共产品，保障农民的合法权益。化繁为简地说，为农服务是维持“乡政”存在的主要合法依据。

然而，现实中的乡镇政府更主要的是一种“管治型”政府，而不是一种以服务为主的政府，体现在对社会、经济和文化的全面管理上，没有从根本上摆脱计划经济时期建立起来的无所不管、无所不包、无所不能的权力运行模式。在社会管理上，政府的权力几乎延伸到社会的每一个角落甚至直达私人领域；在经济管理上，政府总是不愿意从“发展经济”中脱离出来，即便是现在，“招商引资”也依然是许多地方乡镇政府工作的“重中之重”“一把手工程”；在文化管理上，政府过多地强调向农村“输送”文化、“占领”农村文化阵地、干预农村民间文化发展、管制农村文化市场，很少注意挖掘、开发和保护优秀的农村民间文化，更不注重将先进文化与优秀民间文化相对接、融合，以培育出具有深厚土壤、根基的社会主义新农村文化形式①。

如果说，在农村税费改革之前，乡镇政府偏重于管治，主要目的是政治整合和方便从农村汲取资源，服务于国家政权建设和国民经济建设（特别是城市工业的建设）的总体性需要，在特定的历史时期尚具有一定的合法性的话，那么，在税费改革之后，特别是国家整体战略转向“反哺农村”、城乡统筹发展、进行新农村建设以后，乡镇政府仍然以管治为主，而偏废公共服务，则缺少了一些合理性。

我国乡镇政府的财政政策还不够健全。改革初期，我国农村基层财政基本上是“分灶吃饭”，同时，县乡（镇）之间具体的财政分成和结算办法又是由县级政府决定的，县级政府倾向于从自身利益出发进行财政配置，因此与上级财政相比，乡镇财政缺乏必要的主体性和独立性。特别是1994年实行分税制以后，好的税源往往被上级政府分割，留给乡镇财政的主要是涉及千家万户、额小、分散、难征的农业税收。因此，除了一些工

① 吴理财，夏国锋．农民的文化生活：兴衰与重建——以安徽省为例［J］．中国农村观察，2007（2）．

商业比较发达的乡镇以外，绝大部分乡镇财政都处于收支严重不平衡的状态。加之，乡镇政府由于处于行政体系的基层末梢，地位低权力小，还要千方百计地落实诸如计划生育、农村义务教育这样的基本国策，完成上级政府逐级“压”下来的各项指标、任务。这种层层下达的“包袱”，有的是原来的计划经济体制遗留下来的，有的则是本属于上一级政府办理的事务，却通过压力型体制转移给下一级政府，由下一级政府自行找资源来完成。乡镇政府只得在体制外寻求收入，变成日益加重的农民负担问题。然而，小农经济的生产剩余实在有限，难以承担如此高的乡村治理成本①。农村税费改革（特别是农业税的废除），既切断了乡镇财政的体制外收入渠道，又切除了体制内收入的主要来源（即农业税），使乡镇财政陷入更加艰难的境地，绝大部分地方因此而实现“乡财县管”改革，但从一些地方实行“乡财县管”的实际效果来看，它实质上只是保留了一级政府一级财权的“外壳”，乡镇财权基本上被收了②。这样一来，乡镇政府对于公共服务即便心有余也力不足。这也是当前农村公共服务严重匮乏的一个主要原因。

进而言之，即使赋予乡镇政府一定的财力让其能够履行公共服务的职能，由于受制于计划经济时期遗留下来的农村服务体制，其公共服务的绩效也不尽如人意。这种服务体制基本上是一种部门化的供给模式，即通过自上而下地设立部门机构（如设在乡镇的“七站八所”），由部门直接生产和供给公共服务。这一体制本身不可能克服“收费养人、养机构”“人浮于事”“精简—膨胀”循环等弊端。一般而言，一个乡镇的直属事业站所有 10 个左右，县（市）直延伸或派驻乡镇的站所通常也有 10 余个，二者在一起多的达四五十个，乡镇站所人员在县乡两级财政供养人员中占有较

---

① 诚如徐勇所言：“对于脆弱的小农来说，实在是难以支撑得起一个成本日益提高的农村现代化体系。”参阅徐勇. 脆弱的小农能支撑得起一个农村现代化体系吗？[N]. 湖北日报，2003-10-30（理论版）.

② 夏杰长，陈雷. “乡财县管”改革的社会学分析——以安徽省 G 县为例 [J]. 经济研究参考，2005（77）.

大比重；其中一部分站所的事业经费由当地财政全额或差额拨付，一部分站所是自收自支单位，通过收费维持日常运转。这些站所机构非但没有提供有效的“服务”，相反地却成为乡村“食之者众”的一个重要根源。个别地方的乡镇站所甚至演变为政府部门从乡村社会汲取资源的一种工具，成为农村生产力发展的一种束缚。

3. 农村治理陷入困局

农村治理的困局主要表现在村民公共参与不足、村庄公共生活式微、农民合作困难等方面。

虽然，村民公共参与不足在客观上与农村青壮年劳动力大量外出务工，以致许多农村地区出现了比较严重的“空心化”发展趋向，有一定的关联性。譬如，村庄精英的大量流失，导致村庄无能人治理的局面，在一些农村甚至出现了恶人治村、村霸横行等现象；而外出务工的农民可能基于经济利益等考虑，不愿单纯为了投票选举而回乡，尤其是集体经济薄弱（或空白）的村庄，农民也许因为跟村级组织没有太多的利益关联，而不再关心村级选举和村庄公共事务。前者实际上是一种精英主义政治的解释，后者是一种比较典型的理性选择式说法，不足以完全解释村民为什么缺失公共参与的热情。如果村民对原本涉及自身利益的公共事务普遍缺乏兴趣，我们似乎没有理由不去怀疑这个公共参与的制度安排和相应的参与机制是否存在问题；如果这个制度安排偏离公共利益或者漠视村民的合法权利，抑或缺乏实际可行、有效的公共参与机制的话，村民似乎没有理由不冷漠处之。显然，一个行政化的村民自治组织、一个虚化的村民自治形式、一个脱离农村社会实际的村民自治机制，是村民公共参与不足的制度性原因。

村庄公共生活的式微和瓦解，也是当下农村治理面临的一个困局。在农村改革开放以前，村庄的公共生活主要是通过集体生产和劳动维持的；而且，当时的这种集体主义生活方式，还千方百计地排除和瓦解乡村社区传统的各种公共生活。因此，随着国家力量从农村基层社会的撤出，这种集体主义生活方式很快趋向式微。后来，随着市场经济的发展和市场经济原则的引入，人与人之间的“功利化”“原子化”和“疏离化”出现了过度膨胀之势；与此同时，农民大量外出务工，导致一些地区出现了比较严重的“空心化”发展趋向，它们又分别从人际关系和社会结构两个方面进一步瓦解了集体主义时期形成的村庄公共生活新传统。一个没有公共生活的村庄和一群没有归属感的农民，必然导致农村治理陷入困境。

与之相联的是，另一个农村治理困局是农民合作困难。一旦人与人之间的关系趋向“功利化”“原子化”和“疏离化”，单个的理性小农势必偏重于自身利益的计算，他们自己不愿意的同时又冀望他人投资水利、交通、文化等农村公共事业的建设。这种“搭便车”的心理，在一个没有公共生活的村庄里由于不会遭遇公共（舆论的）压力而更加流行。所以，在许多村庄“一事一议”制度难以实行，农村的各种公共建设和公共事业也濒于破败。甚至在一些村庄，基于姻缘和血缘关系建立起来的传统的农民合作方式也趋于瓦解。如果农民之间不能形成有效的合作关系，即便国家等外在力量注入更多的资源也不可能进行新农村建设。

二、体制性原因分析

近 25 年的实践证明，以“乡政村治”为特征的中国农村治理体制并未达到其初始目的，农村基层社会不但没有形成一种良治的局面，相反地，无论从物质层面而言，还是从精神层面乃至政治层面而言，都出现了诸如公共生活式微、公共参与缺失以及精神伦理下滑等“解体”的迹象，当初试图通过“乡政村治”这样的体制调整孕育并使之不断成长的公民社会并没有广泛出现在中国农村大地上。

之所以会这样，当然有许多原因。单从体制上来看，至少有以下三点原因：一是“乡政村治”体制安排不适合中国农村实际，缺乏一定的政治社会基础；二是“乡政村治”体制安排不适应治理转型的需要，延续太多旧体制“惯习”；三是“乡政村治”体制安排与总体制度架构不衔接，使其“变形”而不能发挥正常功能。

“乡政村治”体制最初主要是因应“三级所有、队为基础”的人民公社制度废除所导致的村级管理失效问题，基于社会管理的需要，广西等个别地方农民自发组建了一种自主性组织——村民委员会，取代已经瓦解的生产大队组织。村委会的最初功能是维持社会治安和维护集体的公共财产、基础设施，后来逐步扩大到农村基层社会、政治、经济生活中诸多事务的村民自我管理，并演化为农民群众性自治组织①。但是，村民自治制度的后来推行，却不是因为各地农村的自觉要求而是中央政府的大力推动；在推行中，始终遭遇县乡政府的阻碍（具体的原因，后文还将讨论）。特别是20世纪90年代以后农民大量进城务工渐次出现的村庄“空心化”，农民受到市场经济的熏染而出现的人际关系的“功利化”“疏离化”，进一步破坏了村庄的公共生活和农民之间传统的相互合作关系。2000年以后农村税费改革又引起了下列三个变化：一是因为农民与村级组织的利益联系大大削弱，而引致公共参与阙如；二是因为村组大规模合并，而引致村民之间的利益纠葛和人际关系的陌生化；三是因为村级干部工资财政供养，而引致村委会的自愿“行政化”。这些经济、社会和政治因素，都使得村民自治难以在中国农村扎根并健康成长。

尽管在1983年以后，原来的“生产大队”改为村委会，“公社”也改为乡镇政府，形成了“乡政村治”的农村治理架构，但是，无论是村委会还是乡镇政府基本上还是延续着人民公社体制的“惯习”，其权力运行逻辑并未有实质性的改变。正因为如此，“乡政”和“村治”都偏离了它们应有的功能，继续扮演着国家从农村基层社会汲取资源和进行政治整合的角色，其逻辑结果必然是“乡政”的“非农化”。设在农村基层的“乡政”组织，从其制度属性上而言，原本是为农民服务的，为农村社会发展提供必要的公共产品，但是，这种汲取式和整合的功能及角色，却严重地

① 辛秋水．中国村民自治［M］．合肥：黄山书社，1999：179．

扭曲了这一制度属性，主要地服务于各种“非农”建设。诚如刘尚希所言，“乡镇这个基层政权尽管身在乡村，但其使命是为城市服务，而不是为乡村居民服务。乡镇的任务就是把八亿农民稳定在农村有限的土地上，同时，从农村、农业和农民身上尽可能地汲取资源，以支撑在城市展开的国家工业化运动”①。特别是20世纪90年代中后期以后，从农村基层社会汲取资源的强度更大，为农村的治理带来了困难。以致国家不得不在农村进行大刀阔斧的税费改革，重新调整国家与农民之间的利益分配关系。然而，农村税费改革以来，“乡政”由于缺乏有效的机制和相应的财政支持，从“管治”为主向“服务”为主的政府转型仍然任重道远，绝大部分依然停留在政治口号层面上，延续经年的权力运作逻辑没有实质性的变化。

其实，“乡政村治”体制安排的“变形”，除了上述农村内部以及“乡政村治”自身的原因以外，还与它所处的“组织场域”② 有关系。一个高度结构化的组织场域，会产生“同构化”压力③。由于“乡政村治”体制安排与总体制度架构不相衔接，总体制度架构总是产生一种显明或者潜在的压力，不但要求县与乡之间结构趋同，而且要求乡与村之间结构趋同，在乡村之间复制或者再生产一个类似于县乡之间的压力型关系，从而最终导致了“村治”的行政化。

再以“乡政”而言，它本来是一级特殊的政权组织：首先，它处于国家正式权力组织序列的最末梢，上接国家而下联农民，这种特殊的中间地位使它在实际的权力运作中受到国家和乡村社会双重力量的交互作用；其次，它直接面对乡民而治，这种面对面的治理形式决定了它必须摆脱科层

---

① 刘尚希．谨防乡镇机构改革落入“循环改革”陷阱［J］．人民论坛，2006（3）．

② 按照 Paul J. DiMaggio 和 Walter W. Powell 的定义，所谓组织场域是指组织的聚合构成的一种制度生活的经验领域。参阅 POWELL W W，DIMAGGIO P J. The New Institutionalism in Organizational Analysis［M］．Chicago：The University of Chicago Press，1991．转引自何俊志，等．新制度主义政治学译文精选［M］．天津：天津人民出版社，2007：260．

③ POWELL W W，DIMAGGIO P J．The New Institutionalism in Organizational Analysis［M］．Chicago：The University of Chicago Press，1991．

制一贯的“官僚”作风和冷峻的政权面孔，保持较高的亲民性。这些特性都决定了乡镇政府不应当简单地套用上级政府的模式来建构，可是，它所处的组织场域却要求乡镇政府按照上级政府的模式进行建设，并一味地要求乡镇政府对口设置机构，因此，无论进行多少次机构精简，都会不断复制（或内在地再生产）一个机构林立、人浮于事的乡镇政府，始终摆脱不了“精简—膨胀—精简”不断循环的怪圈。

三、农村治理体制改革的总体性思路

总之，不但要改革现有的“乡政村治”体制，还要同步进行“县政”改革（乃至省市县体制的改革），建构全新的农村治理体制，以适应农村治理转型、新农村建设、市场经济发展的需要。

（一）村落：社区自治——以村落社区自治为基础，重建农民公共生活共同体

由于在行政村（称为建制村更合适）一级实行村民自治缺乏社会基础，难免会趋向“行政化”和“虚化”。为此，应以自然村落为基础，进行社区建设，健全新型社区管理和服务体制，把社区建设成为管理有序、服务完善、文明祥和的社会生活共同体。在村落社区自治的基础上，自然生长出公民社会力量。

村落社区建设必须尊重农民群众的意愿。特别是村落社区范围的界定、自治机构的设立、民主选举和运行机制的建立，都必须根据农民群众的意愿。主要依靠农民群众的主动参与为驱动力，不能搞行政推动和强迫命令，更不能搞“一刀切”“花架子”形式主义。农民群众的参与状况直接关系着农村社区建设的成败。村落社区建设必须以服务群众为根本，以增进群众公共福利为宗旨。

村落社区建设要注意结合本地实际。尤其是村落社区范围的界定，除了尊重农民群众的意愿以外，还必须考虑自然地理和历史文化等因素，按照“地域相近、产业趋同、利益共享、文化认同、参与方便”的原则划分

村落社区①。一般地，一个自然村可以设立一个村落社区；村落社区的具体设立应因地制宜。

把村落社区建设与新农村建设紧密结合起来。整合村落社区内外各种资源，通过群众的民主参与、民主监督实现新农村建设资源的有效使用；改善村落社区居民生产生活基本条件，大力发展农村各项公益性事业；政府的各种公共服务或公益性事业可以委托农村社区和其他农民合作组织提供或兴办，将农村社区建设为新农村建设的综合性平台。

更重要的是，将村落社区建设为村民自治的基础性组织。村落社区实行民主选举、民主决策、民主管理和民主监督。村落社区一旦建立，就要由社区居民民主选举社区理事会，该理事会一般由 3～5 名本社区居民组成，理事会设 1 名理事长，其他成员为理事，由社区理事会管理社区日常性事务。但是，有关农村社区重大事项的确定、公共工程的建设和实施、公益性事业的建设和发展等社区事务应在社区居民会议上讨论、决定或通过。村落社区理事会的理事长最好成为村委会的当然成员、乡镇人民代表。

在村落社区建设初期，要正确处理好村落社区与行政村的关系，特别是村党支部、村委会与农村社区理事会的关系，农村社区理事会必须在村党组织和村委会的领导和指导下开展工作；对于农村社区自身的事务，村党组织和村委会要充分尊重农村社区理事会的自主权，不得随意干预；村党组织和村委会将更多的精力放在协调乡镇与农村社区以及与其他农村社区之间的关系上来。等到村落社区自治成熟的时候，可以根据当地情况考虑撤销行政村层级。

（二）乡镇：官民合作——以乡镇官民合作为主旨，重构乡镇权力结构

目前我国绝大部分农村地区的乡村社会发育尚不健全，还不能实现乡

---

① 郑之问．中国农村民主政治建设的基本方向——以秭归县农村民主建设为例［J］．湖北社会科学，2005（7）；徐勇．农村微观组织再造与社区自我整合——湖北省杨林桥镇农村社区建设的经验与启示［J］．河南社会科学，2006（5）．

村社会的自我治理，只能依据当地的经济和社会发展水准，因地制宜地选择“镇政”“镇政乡派”或“乡派”等不同形式进行构建；如果当地的乡村社会有了充分发展，可以实现乡村社会的自我治理，并且有一定的自治能力和社会经济基础，它就可以推行“乡镇自治”或“乡民自治”。

“镇政”比较适合东部沿海工商业经济较为发达、本地财政状况良好的地区；这些地区基本上实现了城镇化。可以采取“委托扩权”的改革方式，进一步扩大镇政府的自主权，将镇政府建设为一级较为完备的基层政权组织。

“乡派”适合传统农业地区，在这些地区，农村税费改革之前，乡级财政的主要来源是农业税；农村税费改革之后，其财政来源主要来自上级政府的转移支付。这种财政基础不能支撑一个比较健全的乡级政府，决定它只能向“乡派”的方向改革。诚如徐勇所言，“财是政的基础，财政来源与能力决定着政权的特性与能力”①。实行“乡派”的地方，要不断强化县级政府的公共管理和公共服务的职能，建构“以县为主、乡镇协助”的农村公共服务体系。

“镇政乡派”适合一些乡镇社会经济发展不均衡的欠发达地区。在这些地区，少数乡镇的社会经济基础较好，具有一定的财政能力，除了能够保障乡镇政府日常运转的需要以外，还可以发展公益事业，而且城镇化达到了一定的水平，可以将这些乡镇按照“镇政”的模式进行改革；其他一些乡镇的社会经济基础较差，没有一定的财力基础，最好按照“乡派”的思路进行改革。这样在同一个地区就可以根据乡镇的不同情况因地制宜地实行“镇政乡派”。今后，凡是可以建立一级比较完备的政权组织的乡镇，统一改称为“镇政府”；凡是不能建立为一级比较完备的政权组织的乡镇，统一改称为“乡政府”（或“乡公所”“乡办事处”）。这样一来，“乡”和“镇”就有了比较明晰的区分，以改变当前“乡”“镇”不分的混乱状况。

---

① 徐勇．在乡镇体制改革中建立现代乡镇制度——对税费改革后乡镇体制改革的思考［J］．社会科学，2006（7）．

其实，无论是“镇政”还是“乡派”（乃至“乡政自治”）都只是乡镇制度构建的一种形式而已，乡镇制度构建的关键在于乡镇权力结构的重构，建构一种全新的“官”“民”二元的治理结构，在体制内通过权力重构达致国家与乡村社会之间的合作。

具体地说，就是在乡镇一级实行人大常任制改革。常任乡镇人民代表可以参考“三三制”原则由三个部分构成：一部分是党组织推荐的代表，一部分是农民群众直接选举产生的村落社区代表，还有一部分是通过竞争性选举产生的民意代表。由这些常任代表组成乡镇人民代表会议，由乡镇人民代表会议讨论和决定乡镇社区的重大事务，并对乡镇政府（或乡公所、办事处）的日常行政事务进行民主监督。该会议主席必须由乡镇人民直接选举产生，不得兼任乡镇办事处或同级党委的职务。为了提高该会议组织的运行效率、加强对乡镇行政事务的日常性监督，常任人民代表人数不必太多，以便于开展经常性活动。在条件比较成熟的地方，还可逐步实行“开放式会议”（Open Town Meeting）制度①，不断完善普通民众参与公共事务的运行机制。

这样改革，既体现了“国家”对乡村社会的有效治理，也充分体现了“国家”与乡村社会的民主合作精神。乡镇的党政机构更主要地贯彻和落实国家在农村地区的路线、方针和政策，包括计划生育、社会治安综合治理等社会管理职能，并协助县级政府及其部门为农民和农村发展提供公共服务；乡镇人民代表会议则是乡镇人民参政议政的主要渠道和形式，更主要地代表乡村人民的意志，通过它可以比较有效地沟通民意。这样一种制度设计，实际上满足了国家治理和基层民主发展两个方面的需要，可以在体制上解决农村社区自治进一步发展以及乡镇社区民主治理与国家治理之间的矛盾和冲突，从而，最终建立和谐、民主、合作的现代乡镇治理格局。

---

① 所谓“开放式会议”制度，是指居民可以自由出席并参与关于切身利益方面的社区性事务的讨论、决策。详尽论述可以参见高新军．美国地方政府治理概览——对美国马萨诸塞州两个地方政府的调查［M］．北京：中央编译出版社，2003.

（三）县政：服务转型——以县政服务转型为核心，重塑“以县为主”的农村治理体制

县级政府转型势所难免。一方面乡村体制改革必然对县政转型产生压力，只有县乡村联动才能切实保证乡村体制改革的成果；另一方面县政体制构成一种组织场域，对乡村形成一种“同构化”压力，如果不对县政进行相应的改革，乡镇体制安排和农村基层组织设计无论多么美好，都会因为这个“同构化”的压力而变样走形，使之退回改革的“原点”。

县政转型的着力点是建设服务型政府，重塑“以县为主”的农村治理体制。因此，县政转型应围绕着如何加强农村公共服务建设、提升公共服务绩效进行改革，并通过提供公共服务的方式进行农村治理，“服务”取代过去的“汲取”而成为政府与农民群众之间的一条重要联系纽带。

第一，县政服务转型，必须改变问责体制。变对上的单向问责为对上和对下的双向问责。这除了要加强县级人大常委会的建设，提高县级人大权能以外，还要实行县级领导人的民主选举。可先从竞争性选举开始，扩大民意基础。

第二，县政服务转型，必须改进工作考核办法。要重新建立以公共服务为核心的工作考核评价体系，考核重点从注重形式和过程转向注重成果和绩效，从注重经济发展（特别是 GDP 和财政收入的增长）转向注重公共服务和农村治理，尤其要突出对“为农服务”绩效的考核。

第三，县政服务转型，必须改善公共服务方式。过去即便有公共服务，也主要由政府及其部门直接提供，这种提供方式一般是通过建立相应的机构、由政府财政供养其工作人员来行使服务职能的，以往的实践证明，这种服务方式往往异化为“只养人不服务”或者“收费养人”，最终导致“食之者众、生之者寡”。在最近一轮乡镇改革中，湖北等地撤销了这些“养人”机构，实行“以钱养事”的公共服务方式，不但精简了机构、减轻了财政供养负担，而且还切实提升了公共服务的绩效，为农民群众提供了更多、更好的公共服务。这种“以钱养事”（改为“以财养事”

似乎更妥）的公共服务新机制值得推广。通过“以钱养事”的改革，变政府直接提供公共服务为市场化运作、政府购买，从而建立政府、市场和社会多元合作的公共服务模式。为此，要积极“推进政事分开，支持社会组织参与社会管理和公共服务”①；积极培育和大力扶持各种非营利性、社会公益性非政府组织的发育和成长；“在履行好政府职能的同时，要把不应该由政府承担的经济和社会事务交给市场、中介组织和村民自治组织”②。并最终形成一个以“村落社区为基础，乡镇政府居间协调，县级政府为主导”的，覆盖整个农村的新型公共服务体系。

第四，县政服务转型，必须优化权力结构。一是县级领导体制要总结一些地区试行的“党代会常任制”的成功经验，构建“一个核心、三个党组”的新型权力结构。这个核心就是县委，三个党组就是县人大、县政府、县政协党组。在这一结构中，县委居于核心地位，“总揽全局、协调各方”③。二是精简和整合县级职能部门机构，再造一个“效能、统一、廉洁”的公共行政体系。

第五，县政服务转型，必须改革省县体制。在废除“市管县”体制、实行“市县分治”的同时，省县之间要进行适当分权，把县政建设为一级地方自治政府。

等到县政完成服务转型，构建了较为健全的农村公共服务体系和有效的公共服务机制，具备较强的农村公共服务能力，农村村落社区也具备比较完善的自治能力的时候，可以视其情况撤销乡镇一级政府，从而最终建成以县政为地方自治基础的省、县（市）两级地方政府架构。

---

① 2006年10月11日，中国共产党第十六届中央委员会第六次全体会议通过了《中共中央关于构建社会主义和谐社会若干重大问题的决定》。

② 温家宝．不失时机推进农村综合改革，为社会主义新农村建设提供体制保障［J］．求是，2006（18）．

③ 吴理财．罗田政改：从党内民主启动的县政改革［N］．学习时报，2006（321）．

国家整合转型视角下的乡镇改革

——以安徽省为例

（财政）预算是一个国家去除所有迷惑人的思想意识之后的骨骼。

——戈德沙伊德（转引自约瑟夫·A. 熊彼特：《税收国家的危机》）

财税关系是考察政府与人民关系的一个关键维度。从财税关系来看，在农村税费改革之前，国家主要通过对农民征收赋税，进行汲取式国家整合；农村税费改革之后，国家财政开始转向支持农村建设和发展，扩大对农村公共服务的覆盖范围，对农村进行供给式国家整合。农村基层政权组织主要是因应当时的经济、社会和政治条件，方便国家整合而发生变化的。

一、国家汲取式整合的历史：传统与现代

所谓国家整合，又称国家的一体化，即通过国家的经济、政治、文化等力量将国家内部的各部分和要素结合为一个有机的整体①。我国农村税费改革特别是社会主义新农村的建设，实际上标志着国家整合的转型。在农村税费改革之前，国家对乡村社会的整合，主要是通过征收税费的方式

① 徐勇. 国家整合与社会主义新农村建设 [J]. 社会主义研究，2006 (1).

进行的；而在农村税费改革之后，特别是新农村建设之中，国家对乡村社会的整合，主要是通过提供公共服务的方式进行的。如果将前一种国家整合称为“汲取式整合”，那么后一种国家整合，不妨称之为“供给式整合”。从汲取式整合转向供给式整合，国家整合在乡村社会的这种根本性转型，既是国家在乡村社会重构统治合法性社会基础的自觉行为，又在一定程度上表明了国家能力和统治自信力的增强。

大致可以这样说，在整个把缴纳“皇粮国税”视作农民一种天然义务的历史内，国家整合基本上都是汲取式整合。从春秋时期的鲁宣公十五年（公元前594年）“初税亩”到2006年废止农业税，这段历史长达2600年。尽管如此，还是有必要指出，在这2600年的历史长河之中，汲取式国家整合实际上也发生了一些变化，这些变化主要体现在国家对乡村社会进行统治或管理的一些诸如“里甲”“都图”“乡约”“保甲”等具体的制度设计上。

在近代之前的传统中国社会里，虽然“皇权”在形式上是无远弗届的，但是其实质性权力往往体现在征收赋税（和兵役）之上。国家的正式权力一般“止于县”，这既有客观条件的制约，又有主观的约制。诚如费孝通所言，“在我们的传统政治中，一方面，我们在意识形态上限制政治权力；另一方面，限制行政体系的范围。我们设法以某种方式‘悬空’中央权力，使它不着地”①。在乡村社会内部，国家主要是借助以族权为基础的乡绅阶级间接施行统治的。今天我们从现代经济学角度来看，传统社会的这种制度安排是一种充分节约成本的汲取式国家整合方式。即便在中国历史上存在所谓的“乡村自治”状态，其也是统治集团基于“法酬”最大化②，节约统治成本考量的一个“副产品”③。

近代以降，这种汲取式国家整合，仍然是推动中国农村基层体制变迁

① 费孝通. 中国绅士［M］. 北京：中国社会科学出版社，2006：48.
② 吴思. 血酬定律：中国历史中的生存游戏［M］. 北京：中国工人出版社，2003.
③ 吴理财. 从税费征收视角审视乡村关系的变迁［J］. 中州学刊，2005（6）.

的一个决定性因素；与此前不太相同的是，这个时候从乡村社会汲取的资源除了满足上层统治阶级奢华的生活消费需要以外，还要投入到日益扩大的各种近代化事业建设之中。加之，这个时候的“乡绅”阶级已经普遍劣化，上层统治阶级很难继续依靠以族权为基础的“绅治”维持自身的统治（包括向农民征收赋税），因此将国家政权组织直接延伸到乡村社会基层就显得非常有必要。正是在这种要求下，几乎所有的近代国家政权都致力于乡村社会的政权建设，试图在乡村社会直接建立基层政权组织。但是，包括国民党政权在内的一切旧政权由于缺乏乡村社会的支持，或者说由于其权力不能融入乡村的“文化网络”，以及“掠夺经纪人”的存在，他们不但没有如愿以偿，反而导致了政权的“内卷化”①。

1949 年以后，国家出于政权建设、经济建设（特别是工业经济的建设）和城市建设的现实需要，不得不从农村汲取资源，汲取式整合在一定的历史时期内仍然有其存在的必要。在这段特定的历史时期内，无论是“人民公社”还是“撤社建乡”都是根据当时的土地生产、经营方式等客观经济基础的变化而在基层政权形式上产生的变化，但从实质上而言，这种汲取式整合的权力运行逻辑并未发生根本性变化。

农村土地改革以后，4 亿农民成为土地所有者和经营者，纳税的主体由原来农村人口的 10% 一下子变成了 90%，其征税的成本大幅提升。为了解决这一问题，中华人民共和国成立后不久，国家不得不在农村地区推行农业合作化、集体化乃至公社化，使土地由农民私有转变为集体所有，纳税主体也随之由 4 亿农民变为 400 万个合作社和随后的 7 万个人民公社②。这样一来，可以更加方便国家从农村汲取资源。

20 世纪 80 年代初期，由于农村土地的家庭经营模式的普遍推行，我

---

① 〔美〕杜赞奇. 文化、权力与国家——1900—1942 年的华北农村 [M]. 南京：江苏人民出版社，1994.

② 温铁军，朱守银. 中国农村税费改革试验研究 [M] //迟福林. 中国农民的期盼：长期而有保障的土地使用权. 北京：外文出版社，1999.

国农村基层政权发生了“社改乡”的重要变化。但是，只要向农民征收农业税依然是乡镇政府的一项主要职能，那么恢复重建后的乡镇政府在国家汲取式整合中就仍扮演着关键性角色，延续着“公社”式权力运行逻辑。这种现象直到2000年实行农村税费改革才有根本性的改观，特别是新农村建设的提出，宣示了国家在乡村社会开始从汲取式整合转向供给式整合。

二、农村税费改革前汲取式整合：1980—2000年间的乡镇政府变化

下面，以安徽省为例，具体地看看农村改革以来的乡镇政府的变化情况。

对于农村人民公社体制改革，人们只知道四川省广汉县（今广汉市）向阳人民公社于1980年6月18日在全国率先撤销“人民公社”建立“乡人民政府”，却不知“安徽农村人民公社改革的设想，早在党的十一届三中全会前就已形成。1978年10月，在中共安徽省委提交给中共十一届三中全会的《农业上需要研究解决的几个重大问题》的意见中，首先谈到的就是人民公社体制与改革的问题。提出了‘政社分离’，以社设乡，各司其职的设想。但安徽真正对人民公社实施改革，是三年后的1981年8月在凤阳县考城人民公社进行改革试点时开始的。1983年2月，安徽省委根据中共中央〔1983〕1号文件精神，进一步扩大试点面，同时部分地区在试点基础上进行了全面的改革。1983年冬，安徽各地全面展开对农村人民公社体制的改革。到1984年春，全省3300多个农村人民公社的体制改革工作基本完成”①。1985年6月底，安徽全省共设区公所484个、乡3215个、镇345个。我国其他地区农村也几乎同时完成“政社分开”、重建乡级政府的工作。由此可见，“撤社建乡”是根据当时农村土地制度变革的需要，在农村政治管理体制上所做的相应调整。

---

① 欧远方，邓建成．安徽农村家庭联产承包责任制的产生与发展［M］//安徽统计局．安徽四十年．北京：中国统计出版社，1989：551．

在重建乡级政府的同时，也几乎建立了乡级财政。以笔者所调查的安徽省潜山县为例，该县于1985年1月在区公所一级成立了“财政组”，乡镇一级成立了“财政所”①。区、乡财政机构的建立，也在一定意义上适应了人民公社体制瓦解以后征税的需要（区乡财政机构主要负责农业税收工作），而这种征税依然延续了过去一贯的汲取式整合的逻辑，为城市建设和整个国家现代化建设服务。

安徽省又在1992年前后撤销了原来存在于县乡两级之间的“区公所”，同时将小乡进行适当合并（这时每个县有30个左右的乡镇）。与此同时，相对于过去，乡镇政府的功能也得到了进一步加强，成为县级以下唯一一级农村基层政权组织。撤区并乡，不仅大大简化了行政层级，同时也在很大程度上强化了乡镇政府的建设。这种改革，实质上进一步提升了基层政府汲取式整合的能力，节约了整合的成本。

但是，这种改革又带来了另一个意想不到的后果，即乡镇机构随之膨胀起来：一是乡镇机构完备化，在乡镇一级也相应地建立了“党委”“人大”“政府”“政协”等机构；二是乡镇政府科层化，乡镇政府原来的助理员设置逐渐演化为各种专门的科室（如经贸、教育、农业、计生、民政等各种“委”“办”“科”“所”）；三是乡镇站所条块化，有利可图的乡镇站所被“条条”（即上级政府部门）控制，成为“条条”深入乡村社会的“吸管”，从乡村直接汲取利益或资源；无利可图的站所则被当作“包袱”甩给乡镇政府，成为乡镇的“块块”组织。

之所以会发生这些变化，与当时的财政“包干—分税”体制改革有着根本性的联系，因为这种财政体制改革，在一定程度上增强了各级政府权力上的自我扩张冲动、利益上的自我本位意识。作为农村基层政府，一方面，县乡政府都在扩权冲动之下扩充机构，乡镇政府在这个时候完成机构的完备化和科层化设置，直接导致乡镇机构的膨胀；另一方面，县乡政府

① 吴理财，李芝兰．乡镇财政及其改革初探——洪镇调查［J］．中国农村观察，2003（4）．

都强化了自身的利益最大化意识，但尽管如此，乡镇与县的权力、地位悬殊，在涉及县乡之间利益结构调整时，总是以牺牲乡镇利益为前提，这样就导致了乡镇站所的条块分割和“事权”下移。

鉴于县乡机构的膨胀，安徽省在1995年进行了的县乡机构改革。但是，这次机构改革的实际效果并不尽如人意。乡镇机构臃肿、人员过多的问题并未得到切实解决。农村税费改革之前，安徽省的乡镇机构基本情况一般是：“党委系统有正副书记3~5人，党委委员5~7人，包括组织、宣传、统战、纪检、政法、武装、妇女、共青团等部门；乡政府系统有正副乡长3~5人，下设6个办公室；另外，还有人大、政协联络组，单副科级以上的领导班子成员就有20多人。总的编制是行政编制50人，事业编制50人，教师250人，吃财政饭的为350人。自从1994年实行分税制乡镇财务包干以后，乡镇人员迅速膨胀，到2000年税改时，淮北地区乡镇人员普遍增加了一倍，全省大体上每个乡镇约有550人，包括教师、公务员、事业单位人员和聘用人员以及‘计生纠察队’‘征收小分队’等等。”①

对于农村基层政府而言，这种汲取式整合的一个逻辑结果是农村基层政府的“非农化”。设在农村基层的政府组织，从其制度属性上而言，原本是为农民服务的，为农村社会发展提供必要的公共产品。但是，汲取式整合却严重地扭曲了这一制度属性，主要服务于各种“非农”建设。

如果说，在财政包干体制改革之前，从农村社会汲取资源，主要是服务于国家宏观经济建设的需要，符合国家的整体利益；那么，自从财政上逐级实行“分灶吃饭”以后，从农村社会汲取资源，就不仅仅是为了国家的整体利益，同时还是满足各级政府及其部门的自利性需要。这种利益博弈的结果，只能是农民的负担日益加重，给农村的治理带来困难。

---

① 何开荫．农民减负：路在何方？——关于农村税费改革中乡镇机构进行配套改革的思考［J］．调研世界，2000（10）．

三、从汲取式整合向供给式整合转型

农村税费改革以后，安徽省乡镇改革大致经过了三个阶段：第一阶段是作为农村税费改革的一项配套改革，进行机构改革；第二阶段是对乡镇财政体制进行改革，实行“乡财县管”；第三阶段是乡镇治理体制的综合改革。

第一阶段的乡镇改革是作为农村税费改革的一项配套改革进行的，主要目的是“减人减支”，防止农民负担的再次反弹。所以这次改革是要“精简机构、压缩人员”，主要有三个方面的内容：

（一）乡镇党政机构改革。一是内设机构的合并与精简，统一设置为3个办公室，即“党政办公室、经济发展办公室、社会事务办公室”。二是减少乡镇领导职数。在这次机构改革中，撤销了乡镇的政协机构；乡镇党委设书记1名，副书记2至3名（其中1名兼纪委书记）；乡镇人大主席由党委书记兼任的可配专职副主席1名，不兼任的配专职主席1名；乡镇政府设乡镇长1名，副乡镇长2至3名，不再设立乡镇长助理。三是精简编制和人员分流。要求乡镇行政编制精简10%，并多渠道分流机关的富余人员。

（二）乡镇事业机构改革。在这次乡镇机构改革中，乡镇事业单位的人员相对而言有了较大精简。全省乡镇事业单位财政供给人员平均由43.2名精简至30名以内。

（三）农村基础教育改革。一是对农村中小学校布局进行较大规模的调整；二是将农村中小学校教师工资上划至县财政统一发放，确立“以县为主”的农村基础教育投入管理体制。

从总体上而言，这次乡镇机构改革的实际效果并不理想。所谓的机构精简，往往只是简单地合并和调整一些乡镇机构、减少了部分人员，但乡镇政府的职能未有根本的转变，这与省委、省政府当初规划的“政事分开”等职能转变目标相去甚远。

第一阶段的乡镇机构改革，只是“防止农民负担再度反弹”，在一定程度上消解了从农村汲取资源的压力，但是，汲取式整合的理念并未从这次改革本身加以根除。而在另一方面，乡镇的财政收入因为农村税费改革大幅减少而造成入不敷出，使得乡镇政府日常运转出现了比较严重的危机。据安徽省财政部门的调查，在农村税费改革之前，全省乡镇一级财政负债平均为300多万元。而到了2003年底，安徽省乡镇负债很快增长到132亿元，平均每个乡镇负债753万元。而一个全国初步统计显示，截至2002年底，全国乡镇一级平均负债水平为400万元，总额在2200亿元左右。安徽省的乡镇财政状况要远远低于全国的平均水准。目前乡镇财政压力的一个主要方面是供养系数大。根据安徽省人大2004年的一项调查，截至2003年底，全省乡镇财政供养人口为26万人，平均每个乡镇财政供养人口150人。全省县乡财政供养人口占全省财政供养人口的70%以上，其中乡镇占16%。在县乡财政供养人员中，行政人员占18%，教师占52%，其他事业人员占30%。

为了解决乡镇财政问题，安徽省从2003年开始试点“乡财县管”改革。这项改革在坚持“以乡镇为独立核算主体”的基础上，“实行‘预算共编、账户统设、集中收付、采购统办、票据统管’的财政管理方式，由县级财政主管部门直接管理并监督乡镇财政收支”。在试点的基础上，安徽省2004年又在全省全面推行了“乡财县管”改革。如今，安徽全省所有乡镇都实行了“乡财县管”。

“乡财县管”改革，直接导源于农村税费改革后缓解乡镇财政压力的需要，以此来进一步巩固农村税费改革的成果。虽然这项改革仍然是第一阶段乡镇机构改革的逻辑延续，但是其核心理念开始悄悄地发生变化，因为“乡财县管”的实质是弱化乡镇财政，从而加强乡镇政府对县级政府的依附，这一变化表明乡镇政府作为国家汲取式整合的关键性力量在逐步削弱，预示着乡镇政府公共服务属性的“回归”。

接下来第三个阶段的乡镇改革，主要是转变政府职能，建立农村公共产品供给新机制。

在总结前两阶段乡镇改革经验的基础上，安徽省最终形成了“开展农村综合改革试点，建立农村基层工作新机制的意见”，要求每个（地级）市首先选择1个县（市、区）进行试点改革，这一年安徽省恰好全部取消了农业税的征收。试点的主要内容是“一个转变、三个建立、一个改进”：转变乡镇政府职能；建立农村基层管理新体制，建立农村公共产品供给新机制，建立“三农”社会化服务新体系；改进农村工作考核评价办法。

（一）转变乡镇政府职能。按照有所为有所不为的原则，适当调整经济管理职能，提高社会管理和公共服务水平，加强乡镇政府自身改革，进一步巩固农村基层政权，建设服务型、法制型政府。

（二）建立农村基层管理新体制。创新政府管理方式，寓管理于服务之中，更好地为“三农”服务。按照职权与责任相统一、财权与事权相一致的原则，进一步加大县级政府及其部门的工作职责，切实为乡镇“减压松绑”。凡属县级可以完成的行政事务，可以试行以县为主、乡镇协助体制；扩大县级政府及其部门直接到村到户的公共服务；理顺乡村关系，增强村级自治功能。

（三）建立农村公共产品供给新机制。努力贯彻以工促农、以城带乡方针，逐步实现公共资源向农村基础设施、义务教育、公共卫生、计划生育、社会治安的倾斜。进一步巩固完善县乡财政体制改革，切实规范财政转移支付制度，逐步提高县乡财政自我保障能力。采取以奖代补、以工代赈、民办公助、合同承包等方式，调动社会各方面力量参与投入的积极性。引导农民积极开展自己直接受益的基础设施建设，发展公益事业，进一步完善“一事一议”政策。

（四）建立“三农”社会化服务新体系。以农民需求为导向，着力构建服务“三农”新体系，可以按照政事分开和公益性职能与经营性职能分开的原则，整合乡镇现有事业站所，依据经济区域和服务范围设置经济技术服务中心和社会发展服务中心。积极推进事业单位人事制度改革，在公益性服务机构可以实行全员聘用制，建立职工薪酬与服务绩效挂钩的绩效工资制。政府可以通过委托代理、合同承包、向市场购买服务等方式，让社会经营组织为“三农”提供公益服务。大力提高农民的组织化程度，充分发挥农民合作组织在“三农”社会化服务中的主体作用。

（五）改进农村工作考核评价办法。考核重点从注重形式和过程转向注重成果和绩效，突出对乡镇服务“三农”的绩效进行考核。

第三阶段的乡镇体制改革才刚刚展开，具体成效如何要拭目以待。这次改革的核心理念已经发生了根本性变化：农村治理体制（特别是乡镇体制）转向服务“三农”上来，从而扭转了长期以来农村基层政权建设理念中的“非农化”取向，将农村基层政府建设为“为农服务”的政府。换言之，国家对农村整合也逐步从汲取式向供给式转型。

长期以来，国家对农村的治理都是一种汲取式整合，“这种以行政汲取为特征的国家整合造成的是城乡进一步分化和对立，形成城市中国和乡土中国的格局”①，而且这是一个严重发展失衡的城乡二元社会结构。农村税费改革以后，国家对农村的整合发生转型，顺应我国经济社会协调发展和建设社会主义新农村的要求，坚持“多予少取放活”的方针，重点在“多予”上下功夫，从过去一贯的以行政汲取为特征转向以公共服务为特征。这是一个根本性的历史转变，国家对乡村的治理逐步走上良性发展轨道。

① 徐勇．国家整合与社会主义新农村建设［J］．社会主义研究，2006（1）．

农村税费改革与“乡政”角色转换

农村税费改革的初衷和基本目的是减轻农民负担，2000年中央在安徽省以省为单位进行了农村税费改革试点，这次试点的主要内容是：三个取消、一个逐步取消、两个调整、一项改革，即取消按农民上年人均纯收入一定比例征收的乡统筹费；取消农村教育集资等专门面向农民征收的行政事业性收费和政府性基金、集资；取消屠宰税；用三年时间逐年减少直至全部取消统一规定的劳动积累工和义务工；调整农业税和农业特产税政策，农业税税率最高不超过7%；改革村提留征收使用办法，采用新的农业税附加或农业特产税附加方式统一收取，农业税附加比例最高不超过改革后农业税的20%。农村税费改革规范了农村税费征收行为，进一步调适了农民、集体和国家之间的分配关系，从而遏制了面向农民的乱收费、乱集资、乱罚款和各种摊派现象，在一定程度上减轻了农民负担。一年来，安徽省废除农村不合理收费项目50多项，全省共减轻农民负担16.9亿元，改革后农民年人均负担由原来的109.4元减少到75.5元，与上年相比减幅达31%。

事实上，任何一项改革都会产生“连锁反应”，由于农村税费改革直接触及乡村财税体制，它必然会对乡镇基层政权（为了行文方便，在下文中简称为“乡政”）产生作用，诚如熊·彼特所言，“财政上的变化是一切变化的重要原因之一”，反之，“所有的变化都会在财政上有所反映”①。本文将试图探讨农村税费改革对“乡政”具体产生何种影响，以及“乡政”如何因应这种影响完成自身角色的转换。

一

首先有必要说明的是，在这里我们将“乡政”视为一种具体的“结构”（structure），对它进行结构分析（structural analysis）。每一结构都是由各种角色组合而成的。我们之所以“采用角色和结构两个术语，而不用职位和机构这两个用语，是为了强调参与政治的个人的实际行为，强调政治机构的实际行为”②，而不是从它的“制度”或体制性质来进行研究，因为从制度规定性来说，“乡政”是国家的一级政权，它理应代表“国家”行使职权，处处以国家利益为上，没有自身的任何利益可言，很显然这难以解释“乡政”的一些实际行为，特别是它在农民负担问题上表现的态度和具体的行为。

尽管我们不能简单地将农民负担问题直接归咎于“乡政”，但是“乡政”始终与农民负担问题有瓜葛。正如一份文件表述的那样：“有些地方和部门不顾国家三令五申，随意向农民伸手，面向农民的收费、集资、罚款和摊派项目多，数额大；有些地方虚报农民收入，超标准提取村提留和乡统筹费，强迫农民以资代劳；有些地方违反国家规定，按田亩或人头平摊征收农业特产税和屠宰税……有些地方基层干部采取非法手段强行向农民收钱收物，酿成恶性案件和群体性事件。这些问题，严重侵害了农民的物质利益和民主权利，挫伤了农民的生产积极性，伤害了农民对党和政府

① SCHVMPETER J A. The Crisis of the Tax State [J]. International Economic Paper, 1954 (4).
② 阿尔蒙德，等. 比较政治学：体系、过程和政策 [M]. 上海：上海译文出版社，1987：14.

的感情，影响了农村社会稳定。”① 仅从农民负担问题来看，已经有相当数量的“乡政”组织的行为，既远离了农民的根本利益，也偏离了国家的利益。这是“乡政”制度规定性所不允许的，也是它的制度规定性难以解释的。

那么，应如何理解“乡政”的这种行为呢？从一般意义上来说，任何一个政权组织或政府机构都是由人组成的，它们不可避免地带有人性的特征，或者直接地说，它们都具有人性的自利性质，即为自身利益考虑。现代西方经济学就认为，政府组织（或公共机构）在一定意义上也是一个“经济人”（economic man），也会追逐自身利益的最大化。适度的自利性，也在一定程度上有利于调动政府组织的积极性；相反地，自利性的恶性膨胀，将会导致“权力寻租”等腐败行为的滋生、蔓延，使政府组织（或公共机构）发生变异，甚至走向它的反面。这种观点逐渐被一些政治学家所接受，成为公共选择学派（public choice school）基本理论的一部分。其实，早在此前，一些著名的政治学者就注意到了这一点，其中麦迪逊的一句名言最有代表性，他说：“如果人都是天使，就不需要任何政府了。如果是天使统治人，就不需要对政府有任何外来的或内在的控制了。”而且，他还意识到“用这种种方法来控制政府的弊端，可能是对人性的一种耻辱。但是政府本身若不是对人性的最大耻辱，又是什么呢?”② 因此，“乡政”作为一种组织，从自身利益出发有条件地执行国家或上级的政策，也就不足为怪了。

当然，这只是一般性解释，还不能让人十分信服。大家都知道，在人民公社时期，“乡政”似乎没有自利性，在“一大二公”的政治体制中，“乡政”较好地扮演了基层政权的角色，在普通老百姓心目中，它是“国

① 中共中央、国务院关于进行农村税费改革试点工作的通知（中发〔2000〕7号）[EB/OL]. 中国网，2000-03-02.

② 〔美〕汉密尔顿·杰伊·麦迪逊. 联邦党人文集 [M]. 北京：商务印书馆，1995：264.

家”的代言人，代表“国家”或政府行使职权。随着人民公社制度的瓦解，以及村民自治制度的广泛推行，“乡政”权威逐渐在基层群众心目中消解，特别是20世纪80年代中期以来，“乡政”的权威已经降至历史最低点，甚至一些人对其合法性产生怀疑，以致一些学者主张“撤销乡镇政权，实行乡镇自治”，以此消除乡村“压力型体制”①。

不可否认，“乡政”权威的消解或陷落与我国基层政治体制的变迁不无关系。在“三级所有、队为基础”的人民公社体制中，“乡政”实际上不是国家政权最低一级的组织，生产大队和生产队或村公所是“乡政”的基层组织，因而普通农民很少直接与“乡政”打交道，不会发生明显的利益关系，而且在那个时候，农民个体或农民家庭不存在属于自己的经济利益，一切都淹没在“大集体”之中，因此“乡政”在农民心目中具有较高的权威和较好的形象。自从实行家庭承包责任制以后，各级基层政权组织必须与分散的农户和农民打交道，特别是实行村民自治以后，“乡政”已由原来“三级所有”的行政结构中的最上一级，变为国家权力层级中在乡村社会的最后一级，它几乎要事无巨细地与千万个农民面对面打交道，尤其是农业税费的征缴，它不能不直接与农民发生利益关系，一旦这种利益关系打破了农民收支脆弱的平衡，侵害了农民的切身利益，农民势必会转变对基层政权组织的态度——从顺从变为对立；随着市场经济的建立和发展，农民的利益—权利意识逐渐增强，如果农民发现他们上缴的税费没有给他们带来应有的好处，或者“乡政”没有提供必要的服务，他们甚至会干脆拒绝所有的义务，从合作走向反抗。这也从另一方面证明了这样一个事实，即一切政权的合法性最终都是建立在它在多大程度上满足了民众的利益要求上的。就像C. 贝伊所说的那样，“政府存在的理论基础决定其权威施用的合法范围，以及人民服从与忠诚政府的幅度，取决于其能否满足

① 郑法. 农村改革与公共权力划分［J］. 战略与管理，2000（4）.

人民的需要"①；或如英国政治学家查理·罗斯所言：当民众认识他们的利益已无法按照他们的愿望得到满足时，他们就开始采取不合作的态度②。

二

但是，"乡政"作为一级人民政权，它理应与人民的利益高度一致，不应发生侵害农民利益的行为（诸如加重农民负担等损害农民利益的行为），下面我们再从乡村财税体制的演变，进一步探讨"乡政"角色变异（即偏离自身的制度规定性）经济上的原因或利益上的动机。

20世纪80年代以前，我国乡镇是一级报账单位，人员工资和办公经费均由县财政拨款，当时乡镇只有一个"财粮"编制，具体负责乡镇财务报账工作，"乡政"不必要考虑自身的财政收入问题，其工作任务亦相当单纯——只是起到"上传下达"的作用，所以当时的"乡政"机构也非常简单，只有两套班子，即乡镇党委和乡镇政府，其人员不多：大抵是乡镇党委只设正副书记2~3人，加上乡镇党委组织、宣传委员2~3人，以及青年、妇女、民兵等群众组织干事，至多10人（20世纪60年代末乡镇党委还曾被撤销过）；而乡镇政府也只设置极少数委员会及乡镇政府文书、民政、公安、文卫、工商、农业、工业、财粮等助理员，且其人员大多交叉任职，最多20余人。

可是，1983年，我国农村基层经过撤社建乡以后，乡镇政权建设逐步得到加强，在乡镇一级我国农村普遍建立了乡镇党委、乡镇政府、乡镇人大（如乡镇人大主席团等）、乡镇纪委、乡镇武装部等组织机构，甚至在一些地方还增设了乡镇政协组织（如乡镇政协联络组等）。乡镇党委和乡

---

① BEVY C. Need, Wants and Political Legitimacy, Cardian [J]. Journal of Political Science, 1968, 1 (3): 241.

② ROSE R, PETERS G. Can Government Go Bankrupt? [M]. London: Macmillan, 1979: 6.

镇政府本身机构和人员逐渐增长，乡镇党委副书记职数逐渐增多，有些地方还增设了许多专职书记和专职委员，如计生书记、统战委员、工商联干事等；原来乡镇政府的助理编制或发展为 3 ~ 4 人的专职办公室或委员会（如民政办公室、计划生育办公室、农经委、乡镇教委等），或从政府行政中分离出去，演变成现在的“七站八所”，使乡镇政府下属机构达 20 个左右，人员达到二三百人。“乡政”机构、人员达到了空前的规模。

我国农村“乡政”机构、人员之所以得以极度膨胀，既与上述农村基层政治体制变迁有关，为了与千万个分散的农户、农民打交道，它需要扩充机构、增加工作人员；又与自上而下的政权建设要求有关，例如乡镇人大的建立、恢复和加强，这些都是我国新时期政治发展的需要。但是，这还不是最主要的原因，我们认为最主要的原因是乡镇财税体制的变革。

一是建立乡镇财政。自 1984 年以后，我国乡镇普遍建立了乡镇一级财政。随着乡镇财政的成立，乡镇政府掌握了一定的财权，它可以自主地增设一些机构，自聘工作人员或“帮办”。一般来说，乡镇财政收入由国家预算收入资金、预算外资金和自筹资金组成。其中，预算外资金和自筹资金来源较为灵活，特别是乡镇财政的自筹收入更是如此，其自筹收入的来源主要是乡镇企业的上缴利润和管理费、各种集资和罚没款等，而这些资金的来源和管理又缺乏应有的制度约束，从而助长了乡镇行为的随意性。这个时候“乡政”角色开始变异，逐渐偏离其制度规定性，从国家代言人（或代理人）向国家型经纪人（state brokerage）转变。

所谓“经纪人”或“经纪”原本是一个商业、贸易术语，就是通常所说的“中人”，他们在沟通交易双方，促成交易的同时，从成交金额中按一定比例提取“佣金”，以维持生计。在政治活动中，同样存在类似的人或组织，例如欧洲国家一度存在的“包税人”。杜赞奇（Prasenjit Duara）在对近代中国乡村政治进行认真的研究后，提出了一个“经纪人”模型或“经纪体制”范式来描述当时的中国乡村政治体制特征。在传统中国社会里，国家政权还没有能力深入乡村社会，从而在客观上为乡村社会提供了一定的“自治”空间，国家为了便于对乡村社会的治理以及征税的需要，“国家”就不得不借助一些非正式的组织（如家族等乡村组织）和民间力量（如乡绅阶层等）实现对乡村社会的治理和赋税任务，这些组织和民间力量实际上在“农民”与“官府”之间扮演着“经纪人”的角色。杜赞奇又将他们具体分为两种类型，即保护型经纪人（protective brokerage）和赢利型经纪人（entrepreneurial brokerage）。保护型经纪人是指村社自愿组织起来完成国家的赋税任务和其他指派任务，目的是阻止对村民的过度盘剥，起到保护性作用；赢利型经纪人则常常借助或依持国家的权威，以牺牲社区利益来谋取一己之私，实际上这种赢利型经纪人既侵害了民众的利益，也损害了国家的利益，破坏了国家的权威。

在这里，不妨借用杜赞奇的分析范式，来描述“乡政”角色的变异。自乡镇财政建立以后，乡镇在执行国家的政策（特别是税费等经济性政策）时，他们就不能不考虑自身的利益，即以自身的财政收入增长为目的，有条件地执行国家的政策。由于“乡政”是一级国家政权，它在为自身谋利时依赖的是国家权威，因此它具有“国家型经纪人”的某些特征。

二是随后建立的“分灶吃饭”和“层层包干”式财税体制，进一步滋长了乡镇的自利性，加剧了“乡政”向国家型经纪人角色的转变。所谓“分灶吃饭”“层层包干”，简而言之，就是乡镇在完成上级给定的税费“包干”任务前提下，自己创收，自己养活自己。这种财税体制的建立，为乡镇谋利大开“方便之门”，乡镇的一些不合理、不合法的创收行为也因此披上了“合法”的外衣。在乡村这块有限的资源“蛋糕”中，乡镇总想为自己多分一点份额。在这种情势下，农民负担有增无减也就非常自然了。同时，这也是农民负担问题令行不止的主要原因。尽管中央和地方政府三令五申要求减轻农民负担，但是这些政令到了下面要么“走调”，要么得不到切实贯彻执行，以致在一些农村地区最终引发农民负担越减越重的怪现象。

“分灶吃饭”“层层包干”的财税体制势必导致“一税轻、二税重、三税无底洞”现象的发生。到了1990年，各种向农民征收的项目已达149项之多。而且，这些征收的资金大多用于“养人”和膨胀机构的日常开支，极少用于当地经济社会的发展。根据农业部对湖北荆门的一项调查，当地农民负担平均占农民人均收入的10%左右，人均负担约300元，这还不包括义务工及乡镇摊派的报刊费等费用；几乎1个村要负担22个干部的补贴、工资。另一项对河北、安徽、山东3省的8个乡的调查则表明，平均每72个农民供养1个乡镇干部。如果再加上乡镇以上的干部，农民的供养系数更大。据统计，1996年底，我国财政供养人员就达3673万人，比1978年增长了82.73%，财政供养人员占全国总人口的比例由改革之初的2.1%，上升到1996年的3%。显然这里没有包括编外人员，如果再加上编外人员，其比例更高，离“十羊九牧”相差无几。据《农民日报》（1999年9月9日）报道，1999年初，阜阳市对乡镇不在编人员和村自聘人员进行了一次集中清退，一共清退了21829人，其中县聘1151人，乡镇聘15903人，村聘4745人。而这些人员的工资无一例外地由农民负担。由此可见，农民负担问题已经酿成农村社会的一大灾难。这也是中央下定决心实行农村税费改革的主要原因。

三是1994年实行的“分税制”改革，又进一步强化了地方财政，使乡镇最终完成了“国家型经纪人”角色的转换。作为一级财政组织，乡镇政府总是想方设法减少中央与地方分成的税种，并通过收取企业利润、管理费及集资、摊派、赞助等，将税源转化为乡镇自筹资金收入①。其中，乡镇企业上缴的利润和管理费，是乡镇自筹资金的重要来源之一，因此乡镇政府对于发展乡镇企业十分热心。后来，国家逐步取消了对乡镇企业实行的一些减免税政策，规范了对乡镇企业税款的征缴，这在一定程度上减少了乡镇自筹资金的收入，从而刺激了乡镇面向农民的集资、摊派等行为的扩张，使农民负担问题更加突出，以致在一些地方出现了农民上访事件。

---

① 荣敬本，等. 从压力型体制向民主合作体制的转变［M］. 北京：中央编译出版社，1998：6.

三

需要指出的是，“乡政”角色的变异以及“乡政”自利性的扩张，是在一种“压力型体制”中进行的。

“压力型体制”是由荣敬本等人提出的，他们认为，我国县乡政治体制是一种“压力型体制”。这种“压力型体制”通过将政府确定的经济发展任务、指标层层分解下达，从县到乡镇，再到村甚至每个农户，由于这些任务和指标的主要评价、考核方式为“一票否决制”，将每个组织和个人的“政绩”、荣辱、升迁与之“挂钩”，这在无形中形成了一种自上而下的压力。这种层层承包式的“经济—政治”体制，实质上是一种“县—乡镇—村（党支部）”连坐制。① 在这种体制中，上级只关心下级任务和指标的完成结果，却不管下级采用何种方法、何种途径——合理的或不合理的，合法的或不合法的——来完成这些任务和指标，这就从体制上决定了“乡政”向“国家型经纪人”蜕变绝不是偶然的。

为了调动乡镇的积极性，以便它们更好地完成上级给定的任务、指标，上级政府或部门通常采取“放权让利”的办法，或者出台“土政策”即开政策“口子”，鼓励乡镇“抓收入”，以致许多乡镇组织、乡镇干部目无法纪、不择手段、巧取豪夺、中饱私囊，沦为典型的“赢利型经纪人”。其必然后果是：农民负担的有增无减；国家财税的大量流失；乡村有限资源的掠夺性开发以及乡村社会发展的困顿、萎缩、贫困化。更为严重的是，由于这些“经纪人”动用的是国家政治权威、政权资源，披着合法的外衣，行使着人民给予的权力，他们的赢利性经纪行为，加剧了乡村干群、民众与基层政府之间的矛盾和冲突，民众将他们的不满最终转嫁到国

① 荣敬本，等. 从压力型体制向民主合作体制的转变［M］. 北京：中央编译出版社，1998.

家政权身上，长此以往民众对国家政权势必产生疏离感，甚至怀疑政权的合法性，导致国家政权根基的动摇，其后果将不堪设想。诚如杜赞奇所言，赢利型经纪体制的恶性膨胀，必将导致“国家政权的内卷化”（state involution），主要表现为：一方面，国家对普通民众的控制和榨取的功能不断增强；另一方面，国家对各级政府机构、各类组织及其成员的约束能力不断减弱。在这种情况下，由于利益驱使，任何积极的改革措施都得不到推行，一切消极、腐败也得不到遏制。而这种情况，又通常发生在那些后发现代化的国家或地区。对此，我们绝不能掉以轻心。

四

很显然，要想阻止“乡政”角色向“赢利型经纪人”蜕变，首先必须改革乡村财税体制，铲除“赢利型经纪人”赖以生存的土壤。这次安徽省农村税费改革就是一个良好的尝试。

农村税费改革，取消了乡统筹费、农村教育集资等专门面向农民征收的行政事业性收费和政府性基金、集资，将一些公益性收费归并到农业税或农业特产税中，固定征收限额，规范征收行为，堵住了乡镇自筹资金收入的不合理来源，从而在一定程度上遏制了乡镇的“赢利型经纪”行为。

为了保证农村税费改革的顺利推行，安徽省还就“进一步完善乡镇财政体制”做出统一规定：一是进一步理顺县乡财政分配关系，将适合乡镇管理的收支下放到乡镇管理；二是将农村税费改革以后增加的农业税、农业特产税收入，全部作为乡镇固定收入，以弥补乡镇财政收入由于农村税费改革造成的缺口，确保“乡政”的运行。同时，还规定“原由乡统筹费开支的乡村义务教育、计划生育、优抚、民兵训练以及乡级道路建设支出纳入乡镇财政预算管理”。这样，从制度上加强了对乡镇财政的约束，也起到了防止“赢利型经纪”行为扩张或泛滥的作用。

与此同时，安徽省还适时进行了以精简机构和人员为主要内容的乡镇机构改革和乡镇事业单位机构改革：乡镇党委设书记1人，副书记2~3人，其中1名兼任乡镇纪委书记；乡镇人大主席由乡镇党委书记兼任的可配专职副主席1名，不兼职的配专职主席1名；乡镇政府设乡镇长1名，副乡镇长2~3名，乡镇政府只设1~3个综合性办公室，甚至只设几个必要的助理员。提倡党政领导交叉任职，不设乡镇长助理，撤销乡镇政协机构。同时进行的乡镇事业单位机构改革，在精简的同时将其行政管理职能收归政府机关，把党政机关承担的技术性、辅助性、事务性、服务性工作交给事业单位或社会中介机构，使它们按照彼此的性质、范围行使职能。改革后与改革前相比，“乡政”更加精简、高效，将“乡政”的工作重心转移到公共管理上来，使之从“国家型经纪人”向“国家型经理人”(state handlers) 转变。

“国家型经理人”与“国家型经纪人”的根本分野在于，前者始终以维护国家利益为主旨，代表国家行使公共管理职能；后者则以自身利益为本位，有条件地执行国家的政策。对于“乡政”这样一种“国家型经理人”来说，仿佛是将其所在的乡村社会视作一个“企业”，“乡政”在这个“企业”中扮演着“经理”的角色；然而这一“企业”的所有者和最终决策者是国家，国家在这里似乎是该“企业”的董事会或董事长。“国家型经理人”模式具有现代市场经济的时代特征，是我国基层行政改革的一种趋向。安徽省乡镇机构改革的一个主要目标，就是“逐步建立廉洁自律、求真务实、办事高效、运转协调、行为规范的适应社会主义市场经济的乡镇管理体制”；在改革原则中，要求“按照社会主义市场经济和社会发展的要求，转变政府职能，改进工作作风，切实把政府职能转变到提供公共服务、加强社会管理上来”。这些都趋同于“国家型经理人”模式。

同时，“国家型经理人”角色还赋予“乡政”较大的自主权，这也与“乡政”过去（特别是在人民公社时期）扮演的“国家代言人（或代理人)”的角色不同，因为在那个时候“乡政”几乎没有什么自主权可言，它更像是国家的“传声筒”，要求无条件地执行国家或上级的政策、任务。整个人民公社体制是一种自上而下的支配体系，“每一个人和每一个团体都是层层控制、无所不包的体系的一部分”①。不过，“乡政”要真正完成从“国家型经纪人”向“国家型经理人”角色的根本转型，仍然任重而道远。

五

农村税费改革以后，“乡政”角色转型还必须注意以下几个方面的配合：

一是处理好“乡政”角色转型与村民自治发展的关系。现今的乡镇机构改革几乎都是自上而下由政府推动的，似乎没有考虑到自下而上的内驱力，即村民自治对乡村关系的调适以及对“乡政”的影响作用。村民自治是我国乡村政治发展的必然要求，它的推行和发展必将对现实的乡村权力/利益结构产生冲击，也就是说，村民自治必然会对“乡政”改革提出要求。“乡政”应该更主动地迎接村民自治的挑战，首先可在乡镇选举制度上突破，实行乡镇长直选。

实际上，在“国家型经纪人”时期，乡镇在一定意义上是处于一种“恶性自治”状态——上级政府缺乏对乡镇的有效约束，基层群众又无法与之抗衡，对乡镇的放任自流助长了乡镇“赢利型经纪”行为的扩张以及农民负担问题的日趋严重。与其“恶性自治”，不如让它“良性自治”。因此，在今后的“乡政”改革中，建议国家赋予“乡政”更多的“自治权”或者实行乡镇“准自治”。乡镇“恶性自治”之所以发生，主要是由于“国家”与乡村社会之间的分权边界模糊，实行乡镇“准自治”有利于

① DAHL R A. 当代政治分析［M］. 任元杰，译. 台北：巨流图书公司，1992：106.

“国家”与乡村社会关系的进一步整合，起到连接“国家”与乡村社会的作用，使之朝着良性互动的方向发展。

二是进一步改革乡村财税体制。现行的乡村财税体制仍然有待改革，农村税费改革还没有从根本上铲除“赢利型经纪人”滋生的土壤。特别是，县乡之间的财政包干体制亟待改革，应进一步理顺县乡财税关系，真正按照“权责利”相统一的原则处理好农民与集体、国家之间的分配关系。

三是消除县乡“压力型体制”。县乡“压力型体制”如果不能消除，“乡政”角色的转型将会遇到结构性障碍。我们认为，实行乡镇“准自治”是消除县乡“压力型体制”的釜底抽薪之策。同时，要进行县级政治体制改革，进一步理顺县乡“条块”关系。正如一些学者指出的那样：过去“乡镇政权名为一级政权，实际上是一个空架子，根本无法领导和管理本区域内政治、经济、教育、科学、文化和各项社会事业，缺乏应有的权威、效能和社会凝聚力”，因为县级设在乡镇的“分支机构，瓜分和肢解了乡镇政府的职能，侵夺了乡镇必要的自主权，使宪法和地方组织法赋予乡镇政府的大部分政权化为乌有”①。这次的安徽省农村税费改革，对县乡“条块”关系进行了必要的整顿、清理，这无疑是正确的。当然，它还有待进一步完善。

四是建立、健全民主监督机制。其中，最重要的是如何建立乡民与“乡政”之间的民主监督机制、如何健全“乡政”内部的制衡机制（如乡镇人大与乡镇政府、乡镇党委之间的制衡机制）以及如何完善县乡之间的监督体制。只有建立起健全的民主监督机制，才能防止“乡政”角色的异化、蜕变。

---

① 戴均良，等. 中国乡镇政权建设概论［M］. 北京：人民出版社，1991：115 - 117.

“倒逼”还是“反倒逼”

——农村税费改革前后中央与地方之间的互动①

一、引言

20世纪90年代，农民负担问题愈演愈烈，使我国一些农村地区出现了比较严重的治理性危机。② 当时的主流意见几乎无一例外地将农民负担问题归咎于农村基层政府③，认为农村基层政府的“赢利化”乃至“黑恶化”，以及农村基层干部作风粗暴、贪污腐败是农村的“三乱”（即乱集资、乱摊派和乱收费）之源。因此，解决农民负担问题的最佳方法之一就是采用“倒逼”机制，通过堵住“三乱”的“口子”，使基层政府的不合理行为丧失财力支持：当乡镇政府没钱发工资的时候，机构将不得不精简下来，再加上强化财政预算管理，就能防止乡镇干部的贪污浪费和胡乱进

① 本文发表于《社会学研究》2005年第4期。作者为李芝兰和吴理财。

② 陈桂棣、春桃的《中国农民调查》（人民文学出版社，2004年版）为我们形象生动地展现了这种治理性危机。

③ 傅光明. 撤销乡镇 [N]. 经济学消息报，2001-09-07；邓大才. 乡镇政府应该撤销 [J]. 中国国情国力，2001 (3)；BERNSTEIN T P, LVXB. Taxation without Representation in Contemporary Rural China [M]. New York: Cambridge University Press, 2003; WEDEMAN A. Stealing From China's Farmers: Institutional Corruption and the 1992 IOU Crisis [J]. China Quarterly, 1997 (152).

人行为。有论者认为，2000年开始在安徽等地进行试点的农村税费改革，正是冲着“三乱”而来的，具备内在的“倒逼”机制——中央通过堵住基层政府“三乱”方面的收入，促使基层在十分有限的财政资源约束下不得不对自己进行“革命”，最终达到精简机构和转变职能的目的。

然而，把“三乱”问题完全归咎于乡镇政府并不合理。事实上，已经有研究指出，农民负担问题的始作俑者更多是上级政府及其政策①。20世纪90年代开始实行的“分灶吃饭”，以及1994年开始实行的“分税制”改革，虽然自上而下地划分了各级“财权”，但是，在这个过程中各级政府的“事权”却没有进行制度化明晰，以致这项改革的客观结果是：一方面自下而上地逐级集中财税资源，另一方面上级政府则尽量地将事权下移（或者通过目标考核机制下压），层层向下“甩包袱”。最终承接“包袱”的农村基层政府，为了完成上级压力性考核指标任务，并利及本级财政，只有千方百计地将“包袱”转移给农民群众，结果演化为严重的农民负担问题。

当中央希望以税费改革对农村基层政府进行新一轮“倒逼”的时候，作为一个有自身利益的行为体的农村基层政府，不得不采取相应的行动，回应来自上层的压力。不过，由于基层政府位处行政阶梯的底层，只得运用“弱者的手段”做出回应，这些“弱者的手段”一般有诉苦、变通执行上级政策、消极应付改革、减少乃至不向农民提供基本的公共服务等等。农村税费改革虽然减轻了农民负担，但是基层政府的回应行动，也在一定程度上使得“三农”问题进一步恶化，促使中央不得不郑重其事，通过加大转移支付力度、改革现有的财政体制及加强对“三农”的投入，帮助基层政府渡过“难关”，确保农村公共产品获得合理水平的供应。

上述过程，为我们展现了一幅上级政府与基层政府之间动态的博弈画面：首先是上级通过“分灶吃饭”向下转移事权，最终沉积为“农民负

---

① 管清友，邵鹏．由财政压力引发的农民超负担［J］．上海经济研究，2002（7）；郑卫东．农民集体上访的发生机理［J］．中国农村观察，2004（2）．

担”，影响了农村治理；上级继而以农村税费改革来解决农民负担问题，但在基层政府的互动下，这种“倒逼”却演化为“三农”问题，上层只有再一次做出回应，将“三农”问题提上政府重要的议事日程，承担改革农村、提供公共产品的责任。

二、农民负担：“分灶吃饭”的另类效应

在计划经济体制下，各级政府实际上是高度集权式大家庭的成员，资源的分配权力掌握在中央政府这个“家长”手里，地方政府没有自主权，这是汤森（James R. Townsend）为当时中国政府勾画的简单结构图像①。后来的多元主义研究进路和“新制度主义”分析，尽管抛弃了早期著名的集权（极权）主义研究范式的分析框架，但始终认为中央相对于地方具有毋庸置疑的绝对性“主导”作用。与之相适应的财政体制，必然是集权式的“统收统支”，这种财政体制俨然像大家庭的“一个灶吃饭”。由于“一个灶吃饭”缺乏激励机制，不仅很难调动每个成员的积极性，而且大家都看着“大锅饭”争相填饱自己的肚子，确有将家底“吃穷”之虞。为了摆脱计划经济体制，20 世纪 80 年代开始了从“统收统支”向“分灶吃饭”的转变过程。

实际的“分灶”过程是从两个层面展开的：一是上下级政府间的“分灶”（即纵向“分灶”）；二是每一级政府与其部门之间的“分灶”（即横向“分灶”），使每个部门都有自己的“小财政”，从而形成了纵横交错的“分灶”格局。

这种“分灶”格局或许是当今世界上最复杂的一种政府财政体制。“分灶吃饭”的一个直接结果是强化了各级政府和各个部门的利益本位意识，它们都想让自己的“灶子”更加殷实充足，竞相展开各种形式的财政

---

① 詹姆斯·R. 汤森，布兰特利·沃马克. 中国政治［M］. 顾速，董方，译. 南京：江苏人民出版社，2003：62－64.

创收（利益）竞争。1994年实行的分税制改革，实质就是各级政府在财政主体本位利益的激励下，将各种好处尽量上收到自己的盘子之中。中央将数额大、稳定性强、征收成本低、年增长率高的消费税、增值税（中央分享75%，地方分享25%）划为中央固定收入；而地方的固定收入则包括农牧业税、耕地占用税、农业特产税和罚没收入等，这些收入不但逐年递减，而且难以征收（参见表1）。各省、市、县、乡基本上都是沿着这个模式分配各级税收的，这样一来，基层政府的财政收入势必大减。不仅如此，按照分税制的设计，各级政府都以1993年为基础，核定对下一级的税收返还数目（按年递增），实行“划分收支、核定基数、定额补助、超收分成、短收超支不补”，这无异于每年层层向下分解财税“增收”任务。尽管实际的税收资源未必逐年增加，事实上也不可能逐年增加，下一级政府在这种财税体制及相关的“目标”政绩考核机制的“激励”下，不得不向社会进行竭泽而渔式的汲取。

表1　1997—2001年增值税、消费税与农业各税的比较（单位：亿元）

年份	增值税	消费税	农业各税
1997	3283	678.7	332.65
1998	3628.46	814.93	306.46
1999	3881.87	820.66	294.51
2000	4553.17	858.29	298.91
2001	5357.13	929.99	286.29

资料来源：各年《中国财政年鉴》

另一方面，基层政府在收入不多的同时，还要千方百计地落实诸如计划生育、农村义务教育这样的基本国策，完成上级政府逐级“压”下来的各项指标、任务。这种层层下达的“包袱”，有的是原来无所不包的计划经济体制遗留下来的，有的是本属于上一级政府办理的事务，却通过压力性体制转移给下一级政府，由下一级政府自行找资源来完成。以农村义务教育经费开支为例，根据国务院发展研究中心“县乡财政与农民负担”课题组2001年在湖北省X县、河南Y县和江西T县的调查，农村义务教育的投入实际上都是以乡镇一级为主的，约占全部教育经费的50%。另外，农村教育费附加、教育集资及中小学杂费等主要由农民直接负担的教育投入占了40%左右。① 由于乡镇政府处在中国政府序列的最末端，所以不能把来自上级的任务再往下移解决，唯有在各种正税之外，设立各种的“费”，向农民“伸手”，最终出现了“费大于税”的“三乱”局面。面对日益严重的农民负担问题，甚至在一些农村地区出现的治理性危机，中央政府决心在农村地区进行税费改革。

三、税费改革“倒逼”基层政府

农村税费改革首先于2000年在安徽全省进行试点，两三年后试点范围进一步扩大到全国各省区市。② 通过解读当时的中央农村税费改革文件，我们可以看出这项改革具有内在的倒逼机制：根据中央的政策，农民只需要向政府缴纳两税（农业税及特产税）、两附加（代替以往各项收费），其余各项面向农民的收费一律取消，从而规范了基层政府的收费权限；同时，又为基层政府的改革勾画出纲领，包括改革和精简机构、压缩人员、节减开支，转变乡镇政府职能。然而中央只是提出改革的指标，例如规定每个村的村干部人数不得超过3～5人，并没有提供资源或可行的执行方法。

理由是，从上级政府看来，乱收费问题是基层政府造成的；如果基层政府没有胡乱进人或贪污浪费的话，六项“合法”收入已足够支撑乡镇运行。事实上，上级政府也是这样测算农村基层政府因为税费改革而造成的

---

① 韩俊，曲霞. 安徽省“以县为主”农村义务教育管理体制的调查［EB/OL］. 新浪网，2004-02-13.

② 近两年，税费改革在全国农村地区不断铺开的同时，有许多改革地区还进一步取消了农业特产税、逐年降低了农业税税率、取消了农业税附加甚至完全向农民免征农业税。到2005年1月18日为止，已有22个省区市宣布取消征收农业税。

财政缺口的，即以税改前中央承认的六项农民负担与税改后收入做对比①，然后以税费改革转移支付的方式补上这一块，至于以往的其余各项收费——中央认为不“合法”的部分则一概不予理会。有个省级负责税改的官员就曾对我们表示：“（基层）因超编引起的财政缺口，只能靠地方自我消化。否则会使地方政府产生依赖心理，人大亦不会批，也不知道从哪里拿钱帮。”② 中央的目标，就是希望通过税改规范基层政府的财政收支行为，在有限的财力约束下使其顺着中央提出的纲领路线进行整体的配套改革。

我们在安徽省S县的调研显示，税费改革的确导致基层政府收入锐减。以2000年与1999年相比，乡村两级账面收入减少1729.99万元，减幅达20.27%。其中，乡镇政府减少545.79万元，加上以往制度外的收入，乡镇政府财政实际收入减得更多。仅农业税和农业特产税两项，乡镇政府2004年就比2000年减少2974.56万元（参见表2）。

表2 S县财政收入（单位：万元）

	1999年	2000年	2001年	2002年	2003年	2004年
农业税	2446	3960.9	3960.9	3960.9	3957.42	2713.49
农业特产税	670.6	1830.8	1435.8	1325.8	151.13 *	103.65 *
农业税附加	—	792.2	792.2	792.2	791.48	—
特产税附加	—	216.4	176.9	165.9	30.23 * *	—
屠宰税	187.6	—	—	—	—	—
统筹提留	4458.2	—	—	—	—	—
合计	7762.4	6800.3	6365.8	6244.8	4930.26	2817.14

注：表中数字后标有 * 者为农业特产税改征的农业税，标有 * * 者为改征农业税的附加。

① 六项负担包括农业税、农业特产税、屠宰税、教育集资、教育附加、“三提五统”。
② 笔者访谈，2004年。

我们在安徽省 S 县 K 镇调查了解到，以往 K 镇政府每年都能够从农民身上收取税费 500 多万元。税改后只保留了 4 项税费项目（如表 3 所示）和来自上级的税费改革转移支付，这 4 项税费项目包括农业税及其附加、水费（每亩耕地为 26.84 元，不享受水利灌溉的地不用交）、电费（使用性收费，平均每亩 20 元）及"一事一议"（省规定每年筹资额的上限为人均 15 元）。从表 3 来看，对比税改前后，K 镇收入锐减 43%。

表 3　S 县 K 镇税改后财政收入（单位：万元）

项目	2003 年
第 1 项：农业税及农业税附加	145
第 2 项：水费	34
第 3 项：电费	37
第 4 项："一事一议"	31
第 5 项：税费改革转移支付	43
税费改革后财政收入合计	285
税费改革前收入合计	500
减少	215（43%）

值得注意的是，"一事一议"在该镇的执行结果颇为理想，全镇 14 个村，只有 2 个村没有开展"一事一议"，另 2 个村人均大约收了 10 元，其他的村都基本收足（人均 15 元）。"一事一议"为该镇带来了 31 万元的资金，主要用于村级公共建设。其实，还有很多乡镇执行"一事一议"的结果很差，出现了所谓"事难议""议难决""决难行"的情况①。农民都不信任政府，因此不愿意缴纳任何款项，这些地方所承受的财政压力更大。

① 可参考吴兴华. 农村税费改革中一事一议难点分析及对策选择 [J]. 农村经济，2003（11）；王金华. 一事一议议什么、怎样议 [J]. 乡村组织，2003（4）；黄梦其. 农村税费改革后推行一事一议制度存在的问题及对策思考 [J]. 理论研究，2004（7）.

在S县，“一事一议”由村民代表决定是否收取，大概每10户一个代表，半数代表通过即可，70岁以上老人和其他没有生产能力的人不用交款，但是小孩子要交，因为他们现在和将来有最多机会享用公益事业建设带来的利益，另外也有计划生育的因素在内，以交款来约束村民，使他们不要多生孩子。

由于税费改革已有效地堵住“三乱”，使基层政府收入大减，于是，有论者认为农村税费改革对农村基层政府的“倒逼”机制已经显现①，在这种情况下进行机构改革将很快形成一个精简、统一、效能的“小政府”。问题是：这种一厢情愿的想法能否如愿以偿？

据我们观察，几乎所有实行农村税费改革的地方，随后都进行了乡镇机构配套改革。虽然各地的乡镇机构改革方案略有不同，但主要内容都是精简乡镇机构和人员。早在2000年底，安徽省就启动了乡镇机构改革。这次机构改革包括两个部分，一是乡镇党政机构改革，二是乡镇事业单位机构改革。

根据安徽省委、省政府关于乡镇党政机构改革的实施意见，一是撤销乡镇政府原来的各种内设机构，重新设立1~3个综合性办事机构，即党政办公室、经济发展办公室、社会事务办公室；二是撤销乡镇的政协机构设置，压缩乡镇领导职数②；三是精简人员，“乡镇行政编制精简10%”③。

乡镇事业单位机构改革的重点则是“理顺条块关系、压缩机构建制、大力精简财政供给人员”。“对从事社会服务和为农服务的事业单位，实行条块结合，一般以块为主的管理体制，以强化乡镇政府统一管理本区域政

① 张人毅．农村税费改革对乡镇财政的影响与出路［J］．农村财政与财务，2000（9）．

② 乡镇党委设书记1名，副书记2至3名（其中1名兼纪委书记）；乡镇人大主席由党委书记兼任的可配专职副主席1名，不兼任的配专职主席1名；乡镇政府设乡镇长1名，副乡镇长2至3名。提倡党政领导交叉任职，不设乡镇长助理。

③ 中共安徽省委、安徽省人民政府关于乡镇党政机构改革的实施意见（皖发〔2000〕15号）［A/OL］．安徽省人民政府网站，2005－01－31．

治、经济、社会发展的功能；对具有执法职能、涉及区域性建设和管理的事业单位，实行条块结合，一般以条为主的管理体制”①；乡镇事业单位的行政管理职能收归乡镇党政机关，同时，把党政机关承担的技术性、辅助性、事务性、服务性工作交给事业单位或社会中介机构；“全省乡镇事业单位（不含中小学校、卫生院）平均由12.2个压缩到7个以内”，“财政供给人员平均由43.2名精简至30名以内”②。

然而，实际的乡镇机构改革，往往只是简单地合并和调整一些乡镇机构、减少了部分人员，但乡镇政府的职能未有根本的转变，这与省委、省政府当初规划的“政事分开”等职能转变目标相去甚远。S县乡镇机构改革从2000年12月开始到2001年5月结束，通过改革，全县乡镇政府内设机构由160个精简到64个，减少60%；领导职数由482名精简到398名，减少17.4%；乡镇事业单位站所由339个精简到202个，人员由2195名精简到770名，减少了64.9%。

如果仅从以上几个数字来看，S县的乡镇机构改革效果十分显著。其实不然，乡镇党政机构精简，只是在形式上将过去的几个办公室合并为2~3个综合性办公室而已；机构的精简也并不表示人员也随之减少。例如，原来的“民政办”“综治办”和“计生办”等机构合在一起成立为新的“社会事务办公室”，其人员基本上仍然是原来几个办公室的，他们只是“合署办公”而已。领导职数数字上的精简，则是将原来的一些乡镇领导改任为“主任科员”，原来的待遇仍保持不变。

其实，在缺少上级财政投入的情况下，进行乡镇机构改革非常困难。咸安2001年开始进行的机构改革曾在全国轰动一时，然而当地一位站所所长表示，在缺少上级财政支持的情况下，机构改革举步维艰。依据他的推

---

① 中共安徽省委、安徽省人民政府关于乡镇事业单位机构改革的意见（皖发〔2000〕16号）[A/OL]. 安徽省人民政府网站，2005-01-31.

② 中共安徽省委、安徽省人民政府关于乡镇事业单位机构改革的意见（皖发〔2000〕16号）[A/OL]. 安徽省人民政府网站，2005-01-31.

算，若要买断全部站所人员的工龄（以每年500～600元计）需要800万元～900万元。① 可惜直至2004年，站所改革依然停滞不前，原因是当地政府仍未能向上级申得所需款项。由此观之，税费改革并没有像中央预期那般出现一个“高效能、低成本”的小政府。相反，由于财政收入锐减，衍生了一个运转困难甚至失灵的“弱”乡镇政府。

S县一位乡镇财政所所长就表示：税改的政策是好的，使农民得到了实实在在的实惠。但同时对乡镇的财政影响很大。他所在的乡镇，政府预算内的资金只能够保证工资正常发放。由于上级政府核定该镇人均办公经费只有800元，实际上不够支出，而税费改革又撤销了预算外资金收入，政府办公经费便没有了着落。而且上级给予他们的税费改革转移支付不足，有时镇政府为了保证村一级收入必须达到3万元，还需为此挤出一部分资金做补贴。因此，现在乡村的建设（教育、水利、交通、集镇改貌等）基本停顿了，若要继续进行建设，便得向外举债，例如2002年他们为了建设学校的教学楼，花去了200多万元，上级只补了100万元，其余债务由镇财政承担。其实乡镇债务问题向来严重，至今镇债务（不含企业）已累积至300多万元，每年支付的利息达16万元，镇政府主要靠争取上面的“专项资金”过日子。②

四、基层政府如何回应

面对税费改革的倒逼，作为一级具有自身利益的行为体的乡镇政府做出了反应。不过在压力型体制下，乡镇政府相对于具有绝对性权威的上级政府而言，无疑是一个“弱者”。而当农民负担问题引起全社会的关注时，乡镇政府又被一些新闻媒体、文艺作品乃至一些学者指责为加重农民负担的“罪魁祸首”，它又处在被社会舆论声讨的“弱

① 笔者访谈，2004年。

② 笔者访谈，2003年。

者”位置上。① 在国家和社会夹缝中生存的乡镇政府，只能运用“弱者的手段”来抵挡上层政府和乡村社会舆论的两面“夹击”。

这里“弱者的手段”的概念来自斯科特（James C. Scott）提出的“弱者的武器”。他所谓的“弱者”是指日常生活中缺乏集体行动能力的农民群体，“弱者的武器”则是指个人化的日常“抗拒”行为，包括欺骗、逃避、服从错误的命令、假装遗忘、离心离德、小偷小摸、造谣中伤、蓄意破坏等。这些做法的共同点是很少或根本不需要各行为体相互协调和事前计划；所用的是不明确的表达和非正式的网络；避免任何与权威的正面对抗②。在这里我们借用这个概念，是试图更加形象地展现当下农村基层政府或基层干部在夹缝中生存的状态及其运用的“技巧”（或“伎俩”）。这些“技巧”（“伎俩”）主要有“诉苦”、抱怨、欺瞒、变通、推诿、得过且过、“能捞一把是捞一把”、执行对自己有利的政策、消极对待改革、尽量减少或不向农民提供公共服务等等。

值得指出的是，“弱者的手段”并不是达致某个预设目标的策略，而是“弱者”在压力下被动使用的某种行为选择，借此缓解来自“强者”的压力，以维护自身的利益。因此不存在乡镇政府从开始便有计划地（蓄意）将税费改革的压力转换成为“三农问题”，以此“反倒逼”中央政府将三农问题提上议事日程的情况。因为基层政府不可能故意去违反上级政策，或剥夺农民的公共产品，相反乡镇干部都相信自己是为农民办实事的，这点亦已再在我们的调研中得到证实。基层干部运用“弱者的手段”，只是因为在日常工作中执行不了上级政策，故此采取“变通”措施，“三农问题”及“反倒逼”可以说是这种“变通”做法的客观结果。

---

① 需要指出的是，所谓的“弱者”只能是相对意义上的。当然相对于农民而言，乡镇干部是位处较优的权力位置。在这里，将乡镇政府比喻为“弱者”，一是相对于具有绝对权威的上级政府而言的；二是相对于强大的社会舆论而言的。

② SCOTT J. Weapons of the Weak: Everyday Forms of Peasant Resistance [M]. New Haven, CT: Yale University Press, 1985.

(一)变通执行政策

税费改革致使乡镇财政面临困难，为了尽量减少收支缺口的压力，乡镇一般会采取“反推倒算”的办法：首先“以支定收”确定当年的农业税收的任务数，由于农业税的计税面积、计税价格都是上级确定的，唯一可以在基层变通的是计税产量，所以在许多地方计税产量基本上都不是当地的粮食实际产量，而是根据事先确定好的任务数“反推倒算”出来的，于是不少地方出现了农业税计税产量畸高的现象。我们调查的Q县是一个山区乡镇，实际的粮食产量最高也不超过700公斤/亩，根据“反推倒算”出来的计税产量则达到900公斤/亩。① 另一个例子：广东珠三角某地区2002年开始税费改革时的计税产量高达2660公斤/亩，当2003年广东颁布省级税费改革方案后，当地发现旧有的计税产量无法达到省政府的减负要求，于是将计税产量减少一半。② 以上两个例子从不同的方向反映计税产量往往成为基层干部“灵活变通”的手段，只要能够达到当地政府的目标，计税产量既可提高亦可下调。另外，在实际征收中，总会有一部分的农户税收（由于举家外出打工、经济困难或故意抗税）收不上来，为了完成既定的税收任务，乡镇政府只能“灵活”运用“堤内损失堤外补”的办法，将这部分“缺口”转移到操作“弹性”较大的农业特产税上来（后来改征农业税以后，这个办法就“失效”了），加大农业特产税的征收力度，以弥补损失。

上述变通手法，与“分灶吃饭”财政体制和县乡压力型体制不无关系。乡镇政府的许多任务指标（包括财政收支指标）都是上级政府通过目标考核机制压下来的。在S县，县乡之间是一种“划分税种、核定收支、超收（比例）分成、上交递补（或补贴递减）”的财政结算体制。S县某镇财政所所长对我们说③：

---

① 笔者访谈，2003年。

② 笔者访谈，2003年。

③ 笔者访谈，2004年。

2002年时，因为受税费改革影响，教师工资上收到县，加上公务员涨工资，县财政状况转差。当时定下的县乡财政体制（一定3年不变）是以2002年前3年的平均收入水平作为收入基数；以2002年基本工资乘以人员数目，加上人均办公费及民政开支作为支出基数；以收入基数减支出基数作为上交基数，上交基数按年递补6%（不理会收入及支出有无转变）。这个上交基数每年递增的体制对乡镇财政十分不利，这个方案提出以后，我和镇长就去找县财政局局长，说这是“鞭打快牛”。但财政体制是由上面说了算，他根本不跟我们商量。

在这种明显偏重于“县”的“分灶”体制和任务目标考核机制的双重作用下，乡镇只能千方百计地“钻政策的空子”、灵活变通地施行政策。在不切实际的税收任务压力下，除了前文所说的“反推倒算”伎俩大行其道外，一些乡镇政府只能通过更极端的手法，如“买税”“卖税”甚至运用财政“空转”的“技术”来完成上级定下的考核任务。另一个乡镇的财政所所长就曾这样说：

国、地税人财物都归条条管理，乡镇（政府）管不到。但是，他们的任务却算在乡镇。国、地税收多少税，乡镇只能干着急，不能干涉它。县政府考核（财税收入）却只对乡镇政府，年终考核压乡镇！为了完成（国、地税）任务，乡镇只好挪用乡镇财政的钱先垫付给他们（给县里交差）；另外，如果还不够的话，只能（从外地）“买税”（交任务）。这样就会造成乡镇财政的“空转”。这种现象比较普遍，我们县里大部分乡镇都存在这个问题。有一个镇甚至专门组织了一个班子，在外面“筹税”。①

（二）诉苦及消极对待改革

农村税费改革是在中央、省等高层政府的强力推动下进行的，赢得了社会舆论和基层民众的普遍支持，农村基层政府尤其是乡镇政府即便受损

① 笔者访谈，2003年。

大，也不敢反对农村税费改革，他们一面表示这项改革确实使农民得到了实惠而支持改革；另一方面，逢人便诉苦，例如，他们经常会说：乡镇政府的收支缺口越来越大，乡村债务越积越多，乡镇干部的工资待遇是如何差，乡镇政府的办公条件是何等难……“诉苦文化”弥漫农村基层政府。其实“诉苦”在一定意义上是一种极富感染力的“游说”，基层政府通过向别人诉说困难，希望得到大众和舆论的认同，减轻来自上级的压力。

再就是消极对待改革，这在乡镇机构改革最为明显，以至于许多乡镇的机构改革都不是“很有效果”。2003 年，我们在安徽省 S 县对乡镇干部进行了调查，发现他们对于乡镇机构改革的评价只偏于中性，既不认为改革失败（选择“没有效果”和“走过场”的只占 8%），也不认为“很有效”（只占 6%），多数人选择“有一定效果”“不能从根本上解决问题”或“效果不明显”（见表 4）。不过，在同一份问卷中，当我们列出一些人针对当前乡镇存在的问题开出的“药方”，问“你同意哪些改革主张”时，79% 的乡镇干部又认为要“动真格进行机构改革”（参见表 5），这就从侧面反映出其实他们并不满意现在的改革成效，所以才要“动真格”。另外，乡镇干部们都期待“规范乡镇与上级的财权和事权”，这又显示了他们并不满意现在所处的被压逼的位置。

表 4　对乡镇机构改革效果的总体评价（单位：人/%）

你认为当前的乡镇机构改革（可多选）	S 县（N = 89）	
	人	%
①不能从根本上解决问题	32	36
②走过场	1	1
③效果不明显	29	33
④没有效果	6	7
⑤有一定效果	44	49
⑥很有效	5	6

表5 乡镇干部对乡镇改革的态度与看法（单位：人/%）

以下是一些人针对当前乡镇存在的一些问题开出的“药方”，你同意哪些？	S县（N=89）	
	人	%
①不能再“走过场”，要动真格进行机构改革	70	79
②规范乡镇与上级政府的财权和事权关系	58	65

乡镇干部之所以消极对待改革，主要是感到这些改革没有照顾到他们的利益和要求，只是将他们当作改革对象的“负担”或者“包袱”，而没有将他们当作改革的“主体”或者“改革者”来看待。

（三）公共产品缺位

相对于消极对待改革而言，减少或者根本不向农民提供公共服务，这个“弱者的武器”似乎更为有效。但是，我们却不能因此说每一个本身有财力的农村基层政府故意不向农民提供公共服务，在一定程度上有相当一部分农村基层政府也确实心有余而力不足。S县K镇的官员表示：

（税费改革后）乡镇财政收入少了，因为改革的政策减收多于转移支付。税改前要做的事，现在都少做或是不做了，例如水利工程，除非真的影响到生产了，我们才出钱维修。还有道路建设方面，以前说要村村通公路，现在唯有依赖“一事一议”来做，如果连“一事一议”都收不起来，那就什么事也做不成。目前，我们全镇“一事一议”资金只有31万元，这些钱只够做一些修修补补的工程，譬如把坑洼的道路填平等等，大的事做不了。

如今，水、电、路等方面基本上都不可能有大的投入。170万（全镇总收入）只能保证人员工资和民政开支，其他的一分钱都没有，像水利交通建设这样的资金开支，现在是钱多就多做，钱少就少做。

其实现在农村普遍存在公共产品缺位的问题①。其中尤以农村基础教育为甚。农村税费改革后，农村基础教育的投入制度改为“以县为主”，即将农村义务教育纳入县级财政预算，主要由县级财政来投资农村基础教育。这一改革，尽管遏制了原先的乱收费、乱集资、乱摊派现象，减轻了农民负担，但是并未从根本上解决农村基础教育的投入问题，因为县乡财政原本是一体的（在许多地区，县乡财政一直都没有完全分开），将农村基础教育的投资主体从乡镇改为“以县为主”，是一种“换汤不换药”的做法。其实，县级财政并不比乡镇财政好到哪里去，它们基本都是“吃饭财政”，供养人员“吃饭”尚且阙如，何来资金投入农村基础教育发展。为此，在财政束缚下，县级政府只好拼命地控制甚或压缩教育编制，大范围地撤并农村中小学校。②

在安徽S县，中小学危房有5.1万平方米，近三年，共投入2820万元（其中省1060万元，县乡1451万元），改造了4.15万平方米，可是其间又有新增的危房，至今仍有危房4.04万平方米亟待改造，预计需要改造资金2700万元，该县的现有财力根本无力解决这笔巨大资金投入。此外，还有沉重的教育债务问题不能解决。这个县教育负债共有6771万元，其中，学校欠债4656万元，乡镇教育欠债1058万元，村级教育欠债1057万元③。

① 张劲松，金太军．多重博弈：税费改革后乡村基础设施投入面临的困境［J］．中国行政管理，2003（6）；成世荣．农村税费改革的前提是解决公共产品短缺［J］．四川财政，2002（1）．

② 当时的京山县委书记在一篇关于农村税费改革的文章中这样写道：“改革后京山县财力总缺口达4500多万元，其中镇级财力缺口2500多万元，村级财力缺口650万元左右，农村义务教育经费缺口达850万元。还有3488万元的‘普九’债务需要分年偿还，这项缺口地方财政无法承担。税费改革前的某些缺口是通过集资、收费等办法补充的，改革后资金硬缺口，极易引起新的乱收费，使减负成为空话。”为此，京山县只能在减人、减机构上做文章——“大力调整教育布局。撤并农村中小学176所，占50.3%，共精简各类教职工1521人，精简率为20.1%”。参见曹立明．京山县农村税费改革的实践与思考［J］．咨询与决策，2002（11）．

③ 韩俊，曲霞．安徽省“以县为主”农村义务教育管理体制的调查［EB/OL］．新浪网，2004－02－13．

在基层财政的有限财力的束缚下，农村基础教育开始萎缩。农村税费改革后，农村的基础教育投资、乡村道路建设、农田水利建设和农村公共卫生等的投入都不足够①，这势将严重地影响农村社会发展和进步。

五、反倒逼的效果：中央在农村进行的新一轮改革

由此可见，在中央强力推行税费改革之后，乡镇政府财政普遍地陷入了困境。农村基层政府位处权力底层，一方面不能拒绝执行政策，但同时又要维护本身的利益，于是采用了“弱者的手段”应变，由此变通执行税费改革、诉苦及减少公共产品等行为相继出现，其累积的效应是使“三农”问题更加凸显。“三农”问题可以说是上级与基层政府互动下产生的客观结果，而非基层政府的主观愿望。然而，这种客观效果却缓解了税费改革对基层政府的“倒逼”压力，相反地自下而上地对中央构成一定的“反倒逼”现象。“三农”问题引起了高层政府的重视，促使上级政府不得不从深层次上解决乡镇政府的运转困难问题，从而加快了农村基层财政体制改革的进度。

回顾近两年的事态发展，为了改善乡镇财政状况，上级财政一方面增加了对基层的转移支付，亦改革了原有的税收分享办法，加大了对县乡的财政支持力度。具体措施包括以2002年所得税收入实际入库数为基数，基本保证现行财政体制下各级财政的既得利益，确保地方财政平稳运行。另外，企业所得税和个人所得税收入，中央分享60%，省级分享15%，市县分享25%。

除此之外，国家和省级财政对“三农”的投入也有较大增长。从2002年开始国家先后在一些农村地区开展了各种形式的粮食直补试点。仅2004

① 客观而言，目前纳入财政预算，投入农村基础教育、乡村道路建设、农田水利建设和农村公共卫生等事业的经费远不如原来通过县乡村“统筹”的投资规模，尽管这些“统筹”常常因为增加农民负担、基层干部的腐败而招致诟病。换言之，国家和各级地方政府要进一步切实加大对农村各项事业的投入。

年一年，中央就在29个省份安排粮食直补资金116亿元，覆盖农民达6亿，在28个省份安排良种补贴超过16亿元，农机具购置补贴7000万元，此外地方还配套4亿元。① 安徽省方面，决定在“十一五”期间财政支农的比重要由现在的8%左右提高到15%以上；并且，新增的教育、卫生、文化等事业经费主要投向农村；加大农业和农村基础设施的建设。例如，2003年安徽省投入农村公路建设的资金近39亿元，2004年将增加到40亿元②。2004年中央财政预算安排的农村税费改革专项转移支付资金396亿元，比上一年又增加了91亿元③；安排的支农资金达到历史最高水平，为1500亿元，比上一年增加300亿元，增长的资金主要用于增加农村税费改革的转移支付，农村生态、水利建设，农村教育文化卫生事业发展和农业、农村中小型基础设施的建设等方面。④ 事实上，中央每年投入税费改革的资金总额都在上升（见表6）。

表6　历年中央财政预算的农村税费改革专项资金（单位：亿元）

年份	改革专项（预算）	改革专项（实际）	执行省份（预算）	执行省份（实际）
2001	200	33	全国	1省、另106县
2002	150	245	全国约1/3的省	20个省
2003	305	305	全国	全国

资料来源：各年度中央和地方预算执行情况及各年度中央和地方预算草案的报告

除了资金援助外，农村基层财政体制改革的基本趋向是实行“村财乡管”和“乡财县管”，目的就是让下级的财政权力（及负担）由上级背起

① 中央电视台（新闻联播）. 宏观调控促“农”得力，全国粮食增产农民增收［EB/OL］. 央视网，2004-08-25.

② 刘昱华，宋功林. 全省县乡公路建设瞄准“三农”，四十亿铺就农村致富路［N］. 合肥晚报，2004-05-13.

③ 张旭东，刘羊. 中国农村税费改革试点成果显著减负逾30%［EB/OL］. 中国农网，2004-07-29.

④ 程瑞华. 今年中央财政支持农业资金增加300亿［EB/OL］. 中国金融新闻网，2004-02-10.

来。“村财乡管”方面，在税改前，一些已经实行“村财乡管”的地方，是乡镇政府借口村级财务混乱、群众意见大、要加强对村级财务的清理监管等原因，来强化对“村民自治”组织的控制，有的乡镇还试图以此来控制村级资源，因为在税费改革前，一些村级组织具有一定的收入和较多的资源；而在税改以后，由于许多村基本上再没有什么收入来源，“村财乡管”体现了村级组织对上级政府给予转移支付的一种依赖。如今，不少地方，已经将村级干部的工资纳入国家的财政预算，实行村干“工薪制”。

至于“乡财县管”，安徽省2003年首先在9个县进行乡镇财政管理方式改革试点。在坚持“以乡镇为独立核算主体”的基础上，“实行‘预算共编、账户统设、集中收付、采购统办、票据统管’的财政管理方式，由县级财政主管部门直接管理并监督乡镇财政收支”。同时，“调整乡镇财政所管理体制和职能。乡镇财政所与农税所实行一个机构、两块牌子，保留少数财政人员管理乡镇财政预算和报账，其余财政人员主要转向农业税征管，并实行县财政局（农税局）对乡镇农税所的垂直管理”①。在试点的基础上，安徽省2004年又在全省全面推行了“乡财县管”改革。2005年，安徽全省几乎所有乡镇都实行了“乡财县管”。同时，还改革了原有的“市管县”的财政体制，对全省57个县实行省直管县的财政体制（有时也简称为“县财省管”，当然它与“乡财县管”是不同的）。

实行“乡财县管”以后，由县级财政部门提出乡镇财政预算安排的指导意见，乡镇政府根据这个意见来编制预算；在实际的预算执行中，乡镇政府提出的预算调整方案需报县级财政部门审核，调整较大的需向县政府报告；同时，由县财政会计核算中心代理乡镇财政收支业务，实行专户管理；“对乡镇机关事业单位的公务费支出，先由财政所提出用款计划，经乡镇领导签批后报县会计核算中心，由县会计核算中心根据预算额度从县乡国库或‘结算专户’拨付到‘支出专户’，由乡镇按规定使用”。此外，

---

① 安徽省人民政府办公厅. 转发省财政厅关于开展乡镇财政管理方式改革试点意见的通知（皖政办〔2003〕29号）[A]. 安徽省人民政府办公厅，2003-05-11.

还实行“采购统办”“票据统管”，以及乡镇财政所改由县财政局直管。这些制度安排规范了乡镇财政收支，约束了乡镇政府（尤其是乡镇领导）的乱花钱行为，亦在相当程度上加剧了乡镇政府对县财政的依附。这种依附是多向度的：其一，“乡财县管”下的乡镇政府缺乏一定的内在“激励”机制，无论好坏都可以分享“统管”的“大锅饭”；其二，乡镇政府由此更仰赖上级的转移支付和财政支持；其三，实行“乡财县管”，实际上虚化了乡镇一级财政，乡镇政府运作上更像是县级政府的一个行政部门或办事机构。从Q县的试点来看，乡镇政府似乎更像是县级政府的征税机构。总而言之，无论是“村财乡管”还是“乡财县管”，实际上都自下而上地加剧了对上一级的依附，通过这种从下而上的依附，将基层组织的“困难”或“问题”在一定程度上逐级上移，成为上级政府需要面对的问题，以致在某程度上扭转了20世纪80年代以来财政包干体制实行后政府事权持续向下转移，使得基层财政入不敷出的局面。

六、结论：超越“倒逼论”

由“分灶吃饭”到“税费改革”这一农村基层财政体制变迁过程，为我们展现了一幅上级政府与基层政府之间的互动画面：首先是通过“分灶吃饭”自上而下地“甩包袱”，所有甩下来的“包袱”最终沉积为“农民负担”，引起上层的重视而不得不着手加以解决；为了治理农民负担问题展开的农村税费改革以及随后进行的乡镇机构改革、农村财政体制改革，对基层政府来说似乎又是新一轮的“倒逼”，可是这种“倒逼”却间接导致了“三农”问题日益恶化，再次引起上层的高度关注，促使中央将“三农”问题提上政府的重要议事日程。因此，所谓的“倒逼”和“反倒逼”也只是在某一时段上具有相对的意义，从整体上来看，其实是分不清谁在“倒逼”谁？应该说，上级政府与基层政府之间的互动关系，并非零和博弈。

事实上，虽然中央的政策是自上而下地强力推行的，但当该政策未能适应基层情况时，基层政府往往会做出反应，形成一种执行政策出现偏差的情况，届时中央便会对原有政策进行修改。所以与其探究这是“倒逼”或“反倒逼”，毋宁说这是一种“良性互动”。因为由始至终，中央推行改革的目的都是改善农村的治理环境，而基层政府的反应往往就对改革有促进作用。80 年代推行“分灶吃饭”，最初目的是要激励地方财政发展，打破“大锅饭”的惰性格局，但“分灶”下却没有明确分权，结果引致“三乱”。中央随后推行税费改革以根治“三乱”之祸，但在制止“三乱”的同时，税费改革却使农村基层政府的财政陷入困境，引发了公共产品阙如、政府运转不灵等问题，于是中央再次把农民问题往上背起来，改善“分灶吃饭”下事权过分向基层转移的问题，由上级政府逐渐承担起更多公共产品供给的责任。总体来说，若基层政府与上级政府之间继续朝着良性的互动方向发展，将有助于改善农村的治理水平。

应警惕农村基层的选择性治理

一

农村治理的现状若何？有不少人都赞同周飞舟的判断，认为农村税费改革以来，我国大部分农村基层政府越来越“空壳化”，“不但没有转变为政府服务农村的行动主体，而且正在和农民脱离其旧有的联系，变成了表面上看上去无关紧要、可有可无的一级政府组织”，使得整个国家政权“悬浮”于乡村社会之上，农村基层政府与农民的关系也从税费改革之前的汲取型转变为现在的悬浮型。

我认为，这一判断不是没有一定的理据的，不过这只看到了当下农村治理的一个侧面，不能用“悬浮型”农村基层政权来概括当前农村治理的全貌。其实，在直接影响自身利益的那些工作上，农村基层政府依然保持着强大的行政能力，可以随时随地并且强势地介入乡村社会。从总体上来看，当下农村治理表现出很强的选择性特点。

也就是说，农村税费改革之后，人们期望农村基层政府职能能够从过往的汲取式管治转变到供给式服务上来，成为一个为农服务的基层政府组织，但从实际的工作表现来看，在绝大部分农村地区，基层政府并未及时转变为这样一个服务“三农”的行动主体，不免令人大失所望。可是，在某些跟自身利益紧密相关的工作上，譬如招商引资或者被上级定为一票否决性的工作任务，农村基层政府却保持着超乎寻常的行动能力。这是一种比较典型的选择性治理。所谓选择性治理，就是以农村基层政府为本位，对那些于己有利的事就去管、去做，对那些于己不利或者“吃力不讨好”的事就尽量不去管、不去做。农村基层政府进行选择性治理，完全是基于自身利益有选择性地展开行政作为，而不是以乡村人民的利益为圭臬。

二

农村基层政府为什么要选择性治理呢？包括农村基层干部在内的一些人或许会说，这是因为农村基层政府财力不足：“我们也想为老百姓办实事、办好事，可是我们就是没有钱，巧妇难为无米之炊呀！”农村基层政府“财力不足”的确是一个现实原因，尤其是在那些过去完全依赖农业税费收入的农村地区，取消农业税费以后，基层政府的财政收入只能依赖有限的转移支付维持自身的日常运转，几乎没有更多的财力用于为民服务了。

然而，问题却是：这些基层政府即便具有充足的财力，是否会自愿地转变成一个公共服务者呢？我们在许多农村地区调查时也发现：个别财力很强的农村基层政府，也没有把心思放在公共服务上，而是放在那些最能展现其政绩的地方，以实现自身利益的最大化（而不是老百姓利益的最大化），其行动依然是沿着选择性治理逻辑展开的。

因此，我们有理由怀疑：没有内在和外在的力量的促动，农村基层政府很难自动地转变自身职能，而成为一个以乡村人民利益为旨归、以乡村人民需求为导向的服务型政府。当下农村基层政府之所以进行选择性治理，其原因主要不是所谓的财力不足或农村基层财政“空壳化”，而是既有体制安排导致的内在激励不足和外在压力不强；而外在压力不强，从宏观制度背景上而言又源于不合理的体制安排，即没有建立比较健全的民意表达机制和民众能够实际有效地参与基层治理的体制。

现有的压力型体制只能产生一种向上问责的而不是向下问责的内在激励。所谓向上问责就是以完成上级分配的工作任务为目的，上级也只是以下级完成分配的工作任务的绩效为政绩考评的依据。所谓向下问责就是以满足乡村人民的需求为目的，以乡村人民的利益为旨归。简言之，在这种体制下，基层政府主要生产“考评性”产品，而不是生产服务性公共产品。所以，既有体制安排不仅导致公共服务的内在激励不足，甚至会导致逆向激励的问题，背离乡村人民的利益要求。

农村基层政府不是出于公共利益而行动的，而是基于自身的利益需要进行选择性治理，就是这种逆向激励的典型表现。从制度文本上而言，农村基层政府的权力直接来源于乡村人民，它与乡村人民之间形成一种“代理—委托”的关系；与此同时，农村基层政府在现实中存在的合法性也主要基于为农服务。因此，它理应为乡村人民问责，回应乡村人民的需求，只有这样，它才有可能建构为一个以乡村人民需求为导向的公共服务型政府。然而，在实际的运行中，农村基层政府却（主要）不是问责于乡村人民，而是它的上级（政府）；（主要）不是回应乡村人民的需求，而是它的上级的要求（即上级分派的任务和考评指标）。这是因为在压力型体制下评价它的政绩的是上级政府，诚如杨雪冬指出的那样，“上级命令直接并从根本上决定着官员的行为方式和行动目标”。

赵树凯在安徽、河北、山西等10个省（区）20个乡镇的实地调查发现，乡镇政府对上要接受上级考核，对内要考核工作人员，对下也要考核村庄干部，从而建立了一个自上而下的以检查考核为核心的问责体系。检查考核几乎全部是定量化和分数制的。这种问责体系运行的结果是为考核而工作，以致乡镇政府的工作只与考核相关，而与乡村发展的实质进程无关。基层政府的职能原本是提供公共产品，现在却要面向上级政府提供这些考核性产品。他认为，这种逆向问责制是基层政府在许多情况下不作为和乱作为的一个根源。总的来看，这种问责安排既脱离了基层社会的需要，又脱离了广大农村民众参与，成为一个与乡村发展没有内在联系的政府运作过程。所以，要切实推进农村基层政府职能的转变，建构一个公共服务型政府，必须彻底改革这种压力型体制，变逆向激励为“正向激励”，使农村基层行政沿着公共利益的轨道而运行。

在另外一些地方，虽然压力型体制有所“松动”，但是在农村税费改革背景下，由于没有转变职能，农村基层政府沦为一种“政权维护者”的角色，因为取消了收费征税的任务而无所事事，只是起到维护社会稳定的作用罢了，成为没有任何进取心和主动为民服务意识的社会秩序的“维护者”。因此，在这个时候除了要改革现有的压力型体制以外，还要增强体制外的民主压力，促进农村基层政府转换为能动的“公共服务者”的角色。

因此，在改革现有的压力型体制，进一步规范和明晰上下级政府各自的权限的同时，要建立相应的激励机制，促使农村基层政府向服务型政府转型。其中，最重要的是，推进以公共服务为主要内容的政府绩效评估和行政问责制度。与农村基层政府公共服务职能相适应的绩效评估机制，评估重点从注重形式和过程转向注重成果和绩效，从注重经济发展（特别是GDP和财政收入的增长）转向公共服务和乡村治理，尤其要突出对“为农服务”绩效的考核；同时，要改变对上的单向问责为对上和对下的双向问责，建构以公共服务为指向的行政问责体制。要想真正地转换农村基层政府的问责方向，使之切实成为一级为所在辖区内的农民提供公共服务的基层政府，最关键的还是使乡村民众切实参与乡村治理事务，表达他们的合理要求；使政府在有关公共服务的决策中，能够吸纳民众的意见，努力达到公共服务“最佳价值”（best value）的要求。

察队”“征收小分队”等等。朱镕基总理说全国平均每27个人养活一个吃财政饭的；而在农村，有学者估测每15个人就要养活一个不从事生产的“公家人”。①

至今的研究均指出，以精简机构人员、撤并乡镇为主要内容的乡镇机构改革并未收到预期效果②。由于没有触及结构性或体制性问题，成果往往难以保持长久，一旦改革政策松动、自上而下的压力解除，很快又恢复机构精简前的状态，甚至比原来更加膨胀，犹如一节弹簧一样压缩得越短松开后反弹得越高。

连续几次乡镇机构改革挫败的教训，形成了深刻的历史记忆，影响着后来的决策者，他们因此而更加看重改革“成本”的计算。换言之，他们在为改革“算账”、衡量是否采纳某一项改革方案时，总是会被以往改革的负面经验所“笼罩”，使之自觉或者不自觉地把目光聚焦于改革的成本这一端，而较少关注改革的可能效益（另一端）。

体制性改革浅尝辄止

2003年9月底，国务院办公厅的一份通知提出：“要继续调整和完善县、乡财政体制，在合理划分事权的基础上，按照‘财力下移、缺口上移’的要求，加大对基层改革转移支付力度，建立健全乡镇机构和村级组织正常运转经费的保障机制。”③ 这份文件标志着中央在乡镇改革上的决策终于从单一的机构及人员精简开始向体制性改革转变，虽然此时的体制性改革还仅仅局限于县乡财政体制领域。问题是，这真是一个转变吗？变化是何以出现的？它能否得以实现？

---

① 何开荫．农民减负：路在何方？——关于农村税费改革中乡镇机构进行配套改革的思考［J］．调研世界，2000（10）．

② 张晓山．简析中国乡村治理结构改革［J］．管理世界，2005（5）．

③ 国务院办公厅．关于进一步加强农村税费改革试点工作的通知（国办发〔2003〕85号）［A］．国务院，2003－09－30．

在中央政策正式出台之前，安徽省比较早地在县乡财政体制上进行了改革探索。2003年安徽省政府选择了9个县，在全国率先进行了“乡财县管”改革试点。逼迫安徽省进行县乡财政体制改革的主要原因是农村税费改革以后出现的比较严重的乡镇财政危机，由于安徽省农村税费改革在全国先行一步，因税改而加剧的乡镇财政危机亦较快暴露出来；虽然在农村税费改革之初就配套进行了乡镇机构改革，但正如前文所述，乡镇机构改革并没有很好地解决日益突出的财政危机。据安徽省财政部门的调查，在农村税费改革之前，全省乡镇一级财政负债平均为300多万元。到了2003年底，安徽省乡镇负债很快增长到132亿元，平均每个乡镇负债753万元①。湖北省委政研室宋亚平副主任恰当地把现时的乡镇政府比喻为“一只严重超载的航船”，“艰难跋涉在一条即将干涸的河道上，正面临着搁浅的危险”②。

在试点的基础上，2004年安徽全省各地推行“乡财县管”改革③。2005年以后，“乡财县管”逐渐被其他省（区）效仿、推行，当然也离不开财政部的大力倡导。据报道，截至2006年6月，全国已有28个省（区）实施了“乡财县管”改革，其中16个省（区）全面推行，12个省（区）部分试点，财政部要求2008年底在全国全面实行“乡财县管”④。

从安徽省推行“乡财县管”的过程来看，它实际上是一个上级政府（主要是中央和省级政府）与农村基层政府（尤其是乡镇政府）之间“倒逼”与回应的互动结果。从2000年开始，国家先后在安徽等地进行农村税费改革。在一些人看来，农民负担问题主要是农村基层政府的“三乱”引起的，推行农村税费改革在一定意义上对农村基层政府具有某种“倒

---

① 转引自安徽省人民代表大会财政经济委员会. 关于安徽省县乡财政情况的调查[EB/OL].（安徽）决策支持网，2004-10-30.

② 宋亚平. 湖北省乡镇综合配套改革的实践与思考——关于“以钱养事”的几点认识[J]. 决策与信息，2006（10）.

③ 安徽省人民政府. 关于全面推行乡镇财政管理体制改革的通知（皖政〔2004〕13号）[A]. 安徽省人民政府，2004-07-12.

④ 2008年底全面实现“乡财县管”[EB/OL]. 新浪网，2006-07-08.

明显从之前强调体制性改革转向了物质性建设，如改善村容村貌、改水改厕、乡村道路建设以及大力改善农村教育状况、进行现代农业建设等等。问题是，之前的体制性改革如果就此打住，农村的管理体制继续维持不变的话，诸如此类的新农村建设目标能否顺利达到呢？

乡镇体制改革跟新农村建设不是互不相容的关系，前者的推进对于后者是有利的。湖北省（咸宁市）咸安区在乡镇事业站所的“改制”① 中通过引进“以钱养事”新机制，建立了新型的农村公共服务体制，为新农村建设提供了有力的体制保障。所谓“以钱养事”，概括地说，就是“项目量化、公开招标、合同管理、农民签单、政府买单、奖惩兑现”。换言之，就是把政府提供的基本公共服务项目量化分解，使之成为能够考核的具体指标；向社会公开采购招标，凡是具有相应资质的个人、企业、社会性组织均可参加竞标，或者将量化的公共服务项目委托给非政府组织生产、供给；乡镇政府与中标者或代理者签订合同，明确各自的责权利，实行契约管理；中标者或代理者的服务情况要通过农民签字认可、政府考核认定以后，根据其服务绩效由政府兑现报酬和奖惩。通过这一改革，咸安区的农村公益事业不但没有因为乡镇事业站所的撤销、转制而萎缩，相反地有了一定的发展。据了解，2003 年（改革前）全区用于乡镇事业站所“养人”的费用为 168 万元，2004 年改革后，全区用于农村公益性服务的经费增加到 211 万元，2005 年提高到 253 万元，2006 年财政预算安排“以钱养事”的经费达到 297 万元②。

在一个县、区试点成功，是否应在全省推行呢？改革成本是当时摆在湖北省决策者面前的一个主要难题：“改革的必要性大家都很清楚，关键是成本，要动那么多人，肯定要有成本，这个账我们付不付得起？”

---

① 所谓“改制”，就是将原来的“七站八所”改制为社会性或企业性组织，其人员通过身份“置换”脱离财政供养。

② 袁方成. 使服务运转起来：基层治理转型中的农村公共服务——湖北咸安乡镇事业站所改革研究［D］. 武汉：华中师范大学，2006.

在2004年湖北省乡镇改革工作会上，一位与会领导认真地算了一个账：

就按照现在17号文件的标准简单算，一年补偿一个月，平均800元，20年就是1.6万元，再加上社保的追缴，也要1.5万元，加起来就是3万元一个人。现在湖北的乡镇有50多万干部，如果一半要买断，就要支付75亿元的成本，湖北一年就300多亿的财政收入，一下子承受得起吗？政府一下子拿不出这么多钱，这里面很矛盾。事业单位实际上就是“七站八所”，这些干部的身份不买断，就很难真正进入市场，改制后的中介服务组织也很难脱下那顶行政的帽子，这样就肯定会推迟社会化的农村服务体系的建立，但是又没有办法。因为穷，才改革，而改革又要成本，我们只能慢慢消化这个成本。①

湖北省委、省政府最终还是决定在全省推行咸安的“以钱养事”模式。虽然这一改革模式在短期内需要一次性支付比较大的改革成本（尤其是人员身份置换），但从长期来看，相对于不改的机会成本，以及改后新体制所发挥的巨大效益，改革仍然是一种比较“经济”的做法。正如中央编办在湖北咸安调研后所指出的那样：按照咸安的精简方法，该区平均支付每个置换人员2.5万元，除去养老保险金7000元，人均1.8万元。如果只进行人员分流而不买断的话，既要支付60%的生活费，又要办养老保险，按人均工资700元计算，每年要发5000元工资，不出三四年其实就达到了买断成本，这还不算其他费用和退休工资②。仅计算人员置换的“账”，咸安的改革就已是很划算的了，如果将新机制激发出来的体制性效益也纳入这一计算公式之内的话，人们对于改革的信心将会更大。李芝兰和袁方成通过对咸安乡镇站所改革的持续跟踪观察发现：改革者通常视为

① 易颖，李思德．湖北试解“后税费时代”乡镇难题［N］．南方周末，2004-06-17.

② 中央编办赴咸安调研组．咸安区乡镇事业站所改革情况的调研报告（2005年6月27日）［G］//湖北省乡镇综合配套改革领导小组办公室．湖北省乡镇综合配套改革典型材料及政策汇编．武汉：中央编办赴咸安调研组（内部发行），2005.

20世纪村政的兴衰及村民自治与国家重建

乡村社会的变迁和发展可由国家的力量从外部来推动（即“规划性变迁”），也可能是内在因素导致乡村从传统型社会向现代型社会转型（即“内源式转型”）。20世纪中国乡村社会的变迁究竟是由哪种作用推动的？要回答这个问题，观察村政的兴衰或许是一把“钥匙”。从村政这一层面可以比较真切地观察到国家与乡村社会时而合作、时而冲突的互动关系，而这两种力量的交汇决定了我国乡村不同时期的变迁轨迹。

自清末“新政”以降，历代政权都试图将国家权力延伸到乡村社会，通过建立乡村政权而将乡村社会纳入政治体系①。然而，20世纪前半叶在乡村社会建立村政的各种尝试几乎都归于失败。1949年以后，中共对乡村社会进行了一系列改造，通过人民公社体制使政权直接深入乡村社会，完成了政治的一体化。这虽然摧毁了旧的乡村体制，但也毁坏了乡村“权力的文化网络”，从而失去了其赖以存在的合法性基础，为其日后的瓦解种下了“祸根”。20世纪80年代以来推行的村民自治则是国家重建的一种方式，国家借此实现了对乡村社会的有效治理和整合。从村政的“嵌入”、冲突到后来的融合，是一个迂回曲折的社会转型过程，其间充满着太多的

① 在乡村社会建立政权组织，不同时期的政权有不同的动机和目的。有的是为了维持统治，有的是为了从乡村社会榨取资源，有的是为了革命的需要，也有的与追求现代化有关。

痛苦和无奈、光荣和梦想。从历代村政兴衰的整个过程来看，政府的“一厢情愿”是村政建设失败的一个重要原因；国家若要成功地将乡村社会整合到政治体系中，就必须考虑到乡村社会的传统和现状；而国家政权与乡村社会性质的对接与融合，是国家对乡村社会整合成熟的标志。

一、1949 年以前的村政：国家为什么要进入乡村及其尝试

（一）传统的中国乡村社会

在传统的中国乡村社会里上存在着两种秩序和力量：一种是“官制”秩序或国家的力量，另一种是乡土秩序或民间力量。前者以皇权为中心，自上而下地形成等级分明的梯形结构（trapezoid - structure）；后者则以家族（宗族）为中心聚族而居形成大大小小的自然村落，每个家族（宗族）和村落是一个天然的“自治体”，这些“自治体”结成为“蜂窝状结构”（honeycomb - structure）①。因此，传统的乡村社会是个散漫、平铺的自然社会，皇权政治并不是人们想象的那样无远弗届、无所不能的，“在人民实际生活上看，是松弛和微弱的，是挂名的，是无为的”②。而连接这两种秩序和力量的是乡绅阶层，但乡绅往往会偏重乡村一方，因为他们的利益主要在地方上。为此，历代统治者都设法拉拢乡绅（如通过科举制度将乡绅吸收到官制系统）、抑制家族或宗族的自主性力量，以免这些力量对皇权政治构成威胁或消解皇权统治。“当国家与乡绅阶层的关系协调或比较协调时，国家就相对稳定，所谓政通人和是也；反之，当乡绅阶层对国家持批判态度、不合作态度时，农村社会就开始进入了造国家反的风雨飘摇之中”③。这就是中国历史上独特的王朝更迭的周期循环现象的根源之一。

吉尔伯特·罗兹曼（Gilert Rozman）认为：18 世纪以前中国一些皇权

---

① SHUE V Shue. The Reach of the State: Sketches of the Chinese Body Politics [D]. Stanford, CA: Standford University Press, 1998.

② 费孝通. 乡土中国 生育制度 [M]. 北京：北京大学出版社，1998：63.

③ 鲁竞. 中共村政权的历史演变及其分析 [J]. 中共研究，1998 (11).

当通道；同时，国家在乡村基层的政权建设中又未及时完成“官僚化”(bureaucratization)，未将乡村精英分子吸收到政治体系中；加之上层政治的动荡、混乱和腐败，使乡绅阶层进一步丧失了向上进取的信心，从而促使他们向“赢利型经纪人”（entrepreneurial brokerage)① 转变。那时，国家主要倚赖一种“乡村经纪体制”来征收赋税并实现对乡村社会的统治。所谓“经纪体制”就是国家利用非官僚化的机构及人员代行政府的正式职能。但这些寄生于国家与乡村社会罅隙之间的类似于“中间人”的“国家经纪”(state brokerage)，往往借用国家的名义巧取豪夺以中饱私囊，使乡村社会陷入国家和乡村经纪人的双重盘剥之下，加剧了近代中国乡村社会的破产、衰败。

这种“经纪体制”一经形成，国家便失去了对这些“国家经纪人”的控制，虽然国家对乡村社会的统治不得不依赖这些“乡村经纪人”，但这些“经纪人”又阻碍着国家权力对乡村社会的延伸。用杜赞奇的话来说，就是国家对乡村社会的控制能力低于其对乡村社会的榨取能力，国家政权的现代化在中国只是部分地得到实现。② 这便是所谓的“国家政权的内卷化”③，在政权内卷化的过程中，非正式机构与政权的正式机构同步增加，这往往是国家政权欲更多地榨取乡村社会的必然后果。然而，尽管正式的政权机构可以依靠非正式机构来推行政策，但却无法控制它；于是乡村社会里的非正式机构及其势力成为一支不可控制的力量，内卷化的政权无法通过政权的官僚组织化或机构合理化等方式消除“赢利型经纪体制”，国家的村政建设因此被断送在政权自己的手里。

---

① 杜赞奇有时也用“贪婪经纪”或“掠夺经纪”来形容这种“赢利型经纪人”，主要是指那些被国家利用，但在一个不断商品化的社会中却没有合法收入的机构及职员，它们没有被正式纳入国家的官僚体系。

② 杜赞奇．文化、权力与国家——1900—1942 年的华北农村［M］．南京：江苏人民出版社，1994：66.

③ 这个概念是杜赞奇从克利福德·吉尔茨（Clifford Geertz）那里借用来的。根据吉尔茨的定义，“内卷化”是指一种社会或文化模式在某一发展阶段达到一种确定的形式后，便停滞不前或无法转化为另一种高级模式的现象。

（三）个别的村政实验

不过在这一时期，间或也有零星的“村政”或“村治”实验值得一提。其中最有影响的莫过于阎锡山1917年至1927年统治山西时实行的“村本政治”以及“村治”实验。阎锡山认为，“吾国行政，向系疏阔不精，散漫无纪，政治无可循之轨道，机关乏完密之组织，偶有政策，亦不能下逮于民间”（《阎百川先生言论类编》）。所以他非常重视乡村政权的建设，并看好“村政”而主张“村本政治”，因为“家国省县皆人类之团体，家以情系，政性较微，国省县区，范围甚广，独村为人类第一具有政治性之突然团体，以之为施政本位，既无过泛之病，又不虑其无由措施”①。阎锡山选择“村”这一层次推行基层政治，无疑是合理、正确的。因为若在村以上层次建立政权组织，很难有效地改变乡村社会原有的“蜂窝状结构”，对自然村落的作用不大；而若在村以下的层次建立政权组织，则极易毁坏基层民众的日常生活（空间），招致诸如家族或宗族等民间势力的阻挠。

但阎锡山在山西推行的“村政”并非直接建构于自然村之上的，而是在自然村的基础上实行所谓的“编村”，即针对自然村大小不一的状况，通过统一规划将自然村重新整合为一个较严密的政治共同体，以便政权对乡村进行控制。② 在阎锡山治下，山西从1917年6月开始编村；1922年3月又着手“改进村政”，增设了村民会议、息讼会、监察会，并成立保卫团，制定村禁约。在阎锡山推行的村政中，村民会议实际上是村政的权力机构，村长和村长副均由它选举产生，村内一切大事由村民会议讨论决定，村禁约也由它制定。阎锡山还认为，“村民会议就是人民觉悟

---

① 转引自王宇雄，张益民．阎锡山早期编村制度评析［J］．晋阳学刊，1999（6）．

② 他设计的编村原则是“编村之大小距离合宜”，“能负担村经费而能办理村中应办之事”。基本上是按照一百户为一编村标准，小的自然村以地理自然联合，大的自然村则按产业为标准进行分治。村民不足百户的村设一村长；村民凡达一百户的设村长和村长副各一人；村民数量多且距离较远者，酌量增加村长副，至多不超过4人。转引自王宇雄，张益民．阎锡山早期编村制度评析［J］．晋阳学刊，1999（6）．

三十年代，中共深入农村发动组织农民时所建立的组织是农民协会（简称“农会”），它是集乡村行政、司法、武装、政党、教育诸功能于一身的准政权组织，当时中共主张“一切权力归农会”。

（二）中华人民共和国成立初期：以村政府取代农会

在中华人民共和国成立的最初几年里，乡村政权的建设始终是整体制度变化的一个环节，处在不断变化中。

在中共的建政时期，农会仍是村政的主要组织形式①，它集行政、司法、武装、治安等职权于一身，俨然是一级比较完备的“基层政府”。那时农会的主要职能是推动和完成土地改革。土地改革之初，政府派出大批土改工作队进驻乡村，在土改中一部分积极分子被吸收为农会干部和中共党员，成为乡村社会新的领导者，取代了传统的乡绅或旧的乡村“精英”。这些以贫下中农积极分子为骨干的新的乡村领导者在政治和组织上与党和政府保持着紧密联系，成为国家深入乡村社会的一支主要力量。尽管那时政权组织只设在区、乡一级，但这些新崛起的乡村权力精英却帮助国家把政治权力延伸到村庄之中，土地改革和建立基层政权是相互配合、相互推进的，土地改革的过程即建政过程。

土地改革结束后，政务院（中央人民政府）于1950年12月颁发了《乡（行政村）人民代表会议组织通则》和《乡（行政村）人民政府组织通则》，在革命时期建立的农会的基础上设立了村政权组织。那时实行的是“小乡制”，“乡”与“行政村”基本上属于同一层级，乡或行政村是由一个或几个较大的自然村联合组建而成的，设乡或行政村人民代表会议和乡或行政村人民政府②。因此，中华人民共和国成立初期的农村基层政

① 农会设主任（或主席）1人、副主任（副主席）若干人、委员数人，同时设有会计、民兵、治安保卫、妇女等组织，许多农会还设有人民法庭。

② 村政府一般设村长1人、副村长1至2人，还有会计、治安委员、民兵队长、妇联主任等职。有些村还设有保管员、饲养员、通讯员等。村下辖分村、组或屯，分别设分村长、组长或屯长。

权组织为两级结构：有的在县以下设立区和行政村政权；有的在县以下设立区公所，作为县政权的派出机关，在区公所之下设立乡政权。1954年以后逐步撤销了行政村建制，后一种结构形式取代前一种结构形式，成为普遍的农村基层政权组织形式。此时的村政较为简单，主要是催交公粮、维持治安、按上级政府指示动员农民从事生产活动、组织农民参加大型工程建设。村政的建立为贯彻国家的意志和政治领导及动员起了极为重要的作用。

中华人民共和国成立初期的农会及随后在农会基础上建立的村政权基本上还是代表农民利益的，但这种村政并未维持多久。1952年刚试行农业生产合作社组织，1956年又用高级合作社取而代之，紧接着于1958年全面改行人民公社制度，在此过程中农村集体经济组织转变为“政社合一”的基层政权组织，逐渐取代了村政府职能。由国家发动、推行的农业合作化和人民公社化，把党政合一、垂直领导的农村基层组织形式强行“植入”乡村社会中。

（三）人民公社：一种失衡的政治经济结构

人民公社完全是国家机器的一个构件，代表着国家的利益。自从人民公社制度全面建立后，“农民职业终身化，农民身份遗传化，农民活动区域绝对固定化”①。

美国学者 Victor Nee 认为：“在人民公社制度中，最令人惊奇的是在国家和社会之间缺少明晰的组织边界，尽管公社行政是国家组织的最低一层（从形式上看），但实际的国家边界无法清楚地划出，公社经由村社组织——民兵、党支部、大队、小队、农会、妇联、共青团等各种正式的和非正式的关系联系起来。这些组织均非村庄内部自发形成，而是由国家嵌入的，以保证对村庄的控制；人民公社的准军事组织形式依从的是国家权力的逻辑。”② 在人民公社的组织结构中，公社本身的机构比较“单薄”，

---

① 鲁竞．中共村政权的历史演变及其分析［J］．中共研究，1998（11）．

② NEE V，STARK D，SELDEN M．Remaking the Economic Institutions of Socialism：China and Eastern Europe［M］．Stanfurd：Standford University Press，1989：192－193．转引自景跃进．国家与社会边界的重塑［J］．江苏社会科学，2000（2）．

另一方面，人民公社建立十几年后，村落社会就开始有了一定的恢复。张乐天指出："生产队（村落）里的农民在由亲戚、邻里、朋友、熟人组成的小集体中发现了自己和家庭的利益，于是在生产队中产生出一种'集体生存意识'……集体生存意识推动生产队利用一切可能利用的资源，增加农业的产出；激励生产队增加农业劳动投入，以改善生产队的农业生产条件；使生产队对于可能增加农业产出的技术持积极态度；等等。最后，集体生存意识在某些场合还起到维持基本生产秩序的作用。"① 这种作用慢慢地销蚀着国家在乡村社会的控制能力，是人民公社体制瓦解的不可轻视的内源性因素。

中国的经济社会二元结构成型、固化之后其消极功能便日益凸显出来：不但压抑了农民的积极性，破坏了农村生产力的发展，而且加剧了城市居民对国家的依附性，限制了城市工业化以至整个国民经济的发展。这些结构性矛盾的累积最终引发了一场规模宏大的农村"革命"——以家庭承包制为主要内容的农村改革，这一改革又直接导致人民公社体制的瓦解、崩溃，国家与社会的关系不得不重新建构。人民公社制度的失败似乎从反面说明：任何一项制度在乡村社会的推行，都必须与乡村社会的传统资源相嫁接并融合在一起，如此才能真正地扎根于乡村社会；若简单而粗暴地割断乡村社会的历史联系、无情地打断乡村社会自身的发展轨迹，就必然阻碍乡村社会的正常发展。

三、村民自治：国家与乡村社会关系的重构

20 世纪 80 年代初，农民自发地开始尝试建立一种全新的村民自治组织——村民委员会，以取代瓦解了的生产大队组织。② 1982 年底新修订的

---

① 张乐天．浙江省人民公社制度的变迁［J］．二十一世纪（香港），1998（8）．

② 1980 年底，广西河池地区的宜山、罗城两县农民根据乡村社会的需要，自发组建了村民委员会，其最初功能是维持治安和维护公共财产、基础设施，后来逐步扩大到农村基层社会、政治、经济生活中诸多事务的村民自我管理，进而演变为农民的自治组织。1982 年，四川、河南、河北、山东等地农村也陆续出现了类似的农民自治性组织。这种新生的农民组织引起了上层领导的重视。

宪法在总结各地农村村委会经验的基础上及时确认了村委会的法律地位：村委会是农村基层群众性自治组织；村委会主任、副主任和委员由村民直接选举；村委会同基层政权的关系由法律规定。村委会设人民调解、治安保卫、公共卫生委员会等机构，办理本社区的公共事务和公益事业，调解民间纠纷，协助维护社会治安，并向人民政府反映群众意见、要求和提出建议。宪法的这些规定为农村实行村民自治提供了法律依据。1983年10月，中共中央、国务院联合印发《关于实行政社分开建立乡政府的通知》，正式废除了人民公社体制，村民自治随之在全国逐步推广。

（一）“村民自治”并非乡村自治

时下有一种观点认为：村民自治的推行表示国家政权开始从乡村社会撤出并退回到乡镇一级，乡镇成为国家权力的末梢，同时一个以农民为主体的公民社会已经或正在形成；村民自治的进一步发展必然会上升为乡镇自治，从而自下而上地推动政治体制的民主化转型，重塑“国家”与乡村社会的边界。另一种观点则怀疑“村民自治到底能够走多远”。这种观点认为，由于受制于“黑金政治”、宗族势力的操纵，村民自治难有前途。

事实上，目前农村基层存在着两套交互作用的权力系统，一是政府系统，一是党组织系统，它们共同分享政治权力（包括行政权力），而且前者必须接受后者的领导。尽管原来公社体制的“三级组织”不复存在，村委会替代了原来的生产大队的职能，但党的乡村组织并未削弱，其功能反而在实行村民自治后进一步加强了，它在相当程度上行使着国家政权的职能，国家的意志主要由党的农村基层组织和乡镇政权贯彻执行。《中华人民共和国村民委员会组织法》规定，村民委员会是村民自我管理的自治组织；同时，该法还赋予村民委员会许多国家的职权，如协助乡镇政府开展工作，宣传宪法、法律、法规和国家的政策，教育和推动村民履行法律规定的义务，等等。实际上，村民委员会并不是纯粹的自治组织，它具有“准政权”（semi - regime）的性质。所以，村民自治（villager self - government）并不是“村自治”（village autonomy）。

（三）乡镇政府的“国家经纪人”角色如何导致乱摊派

20世纪80年代开始实行的“分灶吃饭”和“层层包干”式财税体制进一步滋长了乡镇政府的自利性，加剧了“乡政”向“国家型经纪”角色的转变。“分灶吃饭”“层层包干”即“乡政”在完成上级给定的税费“包干”任务前提下，自己创收，自己养活自己。1994年实行的“分税制”改革又进一步强化了地方财政，使乡镇政府最终完成了向“国家型经纪”角色的转换。

乡镇政府的财政收入由国家预算内收入、预算外资金和自筹收入三部分组成。其中，预算外资金和自筹收入的来源十分灵活，后者的来源主要是乡镇企业上缴的利润和管理费、各种集资和罚没款等。乡镇政府向农民征收的各种费用大多用于“养人”和日益膨胀的机构的日常开支，极少用于当地经济社会的发展。由于对这些资金的来源和使用缺乏应有的制度约束，从而助长了部分乡镇政府的乱收、滥用行为，一些不合理、不合法的创收行为因此披上了“合法”的外衣。个别乡镇政府总是想方设法在中央与地方分成的税种上少收税，同时通过收取乡镇企业利润、管理费、集资、摊派、赞助等，将税源转化为乡镇政府的自筹资金收入。

这种财税体制势必导致“一税轻、二税重、三税无底洞”现象的发生。在乡村经济这块有限的资源“蛋糕”中，乡镇政府总想为其干部多分一点份额，这样农民的负担有增无减就难以避免，这也是农民负担问题令行不止的主要原因。尽管中央和省级政府三令五申要求减轻农民负担，但这些政令到了下面要么“走调”，要么得不到切实贯彻执行，以至于在一些农村地区最终引发了农民负担“愈减愈重”的怪现象。为了增加财政收入，乡镇政府对发展乡镇企业总是十分热心。近年来国家逐步取消了对乡镇企业的减免税政策，规范了对乡镇企业税款的征缴，这在一定程度上减少了乡镇政府自筹资金的来源，结果反而刺激了乡镇政府对农民的集资、摊派行为，使农民负担问题日益突出。

这种“经纪体制”已经妨碍了乡村社会的发展，引起了农民的反感、愤懑，也直接损害了国家的权威。有学者认为，通过村民自治这种形式让农民自己组织起来，让他们运用法律赋予的权利与乡村的各种“赢利型经纪”进行合法抗争，是村民维护自身权益最有力的武器。① 但是，党组织的垂直领导体系和权威在一定程度上限制着这种活动的有效性。显然，要想彻底清除乡村干部的“赢利型经纪”体制，还必须适时进行乡镇和县级政治体制改革。

① 对此，李连江先生、Kevin J. O’Brien 教授有详尽的论述，他们在一些文章中称之为“依政策抗争”（policy - based resistance）。

小组所组成”。

有些学者之所以主张将村民自治下沉到村民小组，也主要是从村民自治有效实现的产权基础来论述的，认为以村民小组为单位的所有权制度安排和自治架构安排具有规模适度、利益相关性强、利益实现难度小的特点，更有利于村民自治的有效实现（付振奇，2016；邓大才，2014；徐勇，2015）。广东清远等地还进行了“村民自治下沉”改革，将村委会和村支部下沉到村民小组或自然村，在原行政村一级建立片区公共服务站作为乡镇政府的派出机构。这一做法引起了一定的争议。有学者指出，此项改革不仅自身存在组织、制度、财政以及人力资源等方面的困难，也与当前农村集体经济产权改革、农村社会日益开放和流动、农村治理单元的扩大化以及基层治理的精简与效能的发展方向相背离（项继权、王明为，2019）。唐鸣（2020）通过对2017 年国家六部委确认的24 个“村民自治下沉”试点单位的调研，认为广东清远改革“没有也不会为全国其他同类地区广为效仿，现在已经没有必要也不应当继续在全国其他地方搞试点”。

尽管有许多学者不赞同将村民自治下沉到村民小组，但并非否定村民小组在村民自治中的重要作用。村民小组在整个村民自治体系中虽然层级不高，但是作为乡村自治组织，却有着很重要的功能和意义，发挥着乡村村组时空衔接、乡村自治助手和利益表达传输机的治理功效（马元喜、谭龙云，2019）。程同顺、赵一玮（2010）就认为，村民小组在村民自治体系中发挥着不可或缺的作用，对其在村民自治体系中的功能和作用进行研究，非常有必要。他们提出，应从规范村民小组组长的产生方式、建立村民小组会议制度、明确村委会与村民小组的关系、完善有关村民小组的法律制度等方面，加强村民小组建设。王惠林（2019）通过对陕西关中村民小组治理的考察，认为土地所有权关系、以民间信仰为媒介的文化认同、“熟人社会”是乡村“微自治”有效运行的基础。其核心机制是通过对中坚农民实行组织吸纳，综合援引政策法规、“人情面子机制”和分类治理机制，推动乡村社会的有效整合。

村民小组是乡村社会的重要治理单元。有学者认为，“如果说家庭是社会的细胞，那么村民小组就是乡村社会这个有机体的细微组织；如果这个机体组织发生病变或坏死，村级这个乡村社会有机体的器官就会发生畸变或功能丧失”（包先康、李卫华，2008）。从这个意义上来看，村民小组治理是乡村治理的基础。村民小组作为“公共”的载体，其运行机制和效能的发挥具有“微治理”的典型特征。有学者指出，村民小组适度的治理规模为低成本达成社会共识找到了组织基础，熟人社会“情”与“理”的治理逻辑推动社区问题的解决，中农经济兴起、中农群体壮大是村民小组治理得以有效实现的关键要素。村民小组应当成为当前和未来很长一个阶段降低治理成本、提升治理效率的着力点（向勇、孙迎联，2020）。贺雪峰等（2005）还对以村民小组为行动单位的乡村公共品生产、乡村治理进行了讨论。

对于村民小组治理，有人还探讨了村民小组的社区性和国家性，认为当前基层治理的困境不是村民小组的社区性弱化而是国家性弱化造成的，从而主张提高村民小组的国家性（林辉煌，2011）。事实上，这种国家性具有双重作用，它既可以调动村民小组的社区性，又可能会压缩村民小组的自主治理空间。田先红（2018）注意到，小组组长日渐成为单向度的公共服务供给者，丧失了与群众的亲和性。尽管村民小组治理精英的更替有利于提升基层治理队伍的整体文化知识水平，适应信息化治理的需要，但也带来了村民小组治理主体缺位的问题，削弱了村民小组的治理绩效。

综上所述，关于村民小组的定位、属性和功能，往往同农村集体所有权、乡村治理纠缠在一起。这三个议题的确难以完全分离开来，甚至构成相互论证的关系。其实，上述三个方面的研究，主要论及三个核心问题：一是村民小组是否具有（独立的）集体所有权？二是村民小组是村委会的下级组织（组成部分）还是独立的自治组织？三是村民小组自治或村民小组治理的价值何在？要回答这三个问题，就有必要返回到历史中进行分析，看看村民小组是如何从历史中演变而来的，它又将往何处发展。

与此同时，又必须把它放置在国家治理的宏观视野中来分析，就村民小组来谈村民小组未必能够厘清它的组织性质及其功能。实际上，村民小组是由国家定义和定位的，在不同历史时期发挥着不同的治理功能，但是国家对村民小组的定义和定位又不能脱离乡村社会基层的实际，二者必须结合起来。

二、人民公社中的生产队

像村民小组这样的乡村治理基本组织，如果仅从形式上看，历史上几乎每个朝代都有类似的设置，尽管名称并不相同。但是，对村民小组的历史分析，却没有必要回溯太远，因为它直接源自人民公社体制中的生产队，即便到了今天它也深受人民公社体制的影响。

人民公社体制并不是凭空产生的，它是农业合作化运动的逻辑结果。中华人民共和国成立伊始，我国便在农村实行土地改革。到1952年年底，我国大部分地区（除西藏、台湾以外）全面完成了土地改革，无地和少地农民获得7亿多亩耕地。土地改革不仅废除了地主阶级封建剥削的土地所有制，实现了“耕者有其田”，而且摧毁了地主阶级在农村的封建统治，建立了新的农村政治秩序。

对许多农民来说，土改后的“蜜月年代”主要是重建家庭、结婚生子和提高收入（弗里曼、毕克伟、赛尔登，2002），而不是其他更高的追求。农民这种根深蒂固的观念，跟当时的国家建设要求相去甚远；如果不对他们进行社会主义改造，就无法进行社会主义国家建设。而且，对于土改后的小农经济发展，当时形象的说法是，小农经济是“十字路口的经济”——可以走向社会主义，也可以走向资本主义。如果不对这种小农经济加以引导或干涉，借贷、雇工、租佃、土地买卖等剥削行为，以及因此导致新的贫富分化，将难以避免。这些新出现的阶级分化，对土改的再分配逻辑和社会主义意识形态构成了巨大冲击，如果不加以及时解决，将直接危及中国共产党乡村变革的合法性，以及乡村社会发展的社会主义方向

（李里峰，2009）。于是，土地改革后不久，我国农村很快步入合作化，对农业进行社会主义改造。

互助组是在自愿互利、不打破家庭经营核算原则下，在生产环节实行平等互利的有偿互助，再加上组织规模小、自由结合、互助方式灵活等特点，从而受到广大缺乏生产资料或劳动力的农户的欢迎，使农村的人力、畜力、物力和土地都能得到较充分合理的使用（武力，2010）。到1952年年底，全国农业互助合作组织发展到830余万个，参加的农户占全国总农户的40%。

次年，开始转向发展初级合作社。到1955年年底，全国初级生产农业合作社已增至190多万个，入社农户已达7500多万户，约占全国农户总数的63%（罗红云，2012）。初级农业生产合作社是建立在互助组基础上的社区集体经济组织。它没有从根本上改变土地农民所有这一经济基础，但规定农民的土地和其他主要生产资料必须交给合作社统一经营，合作社内部建立劳动组织，实行凭工记分和按件计酬，合作社年终根据农民土地和劳动按比例进行分红。初级农业合作化推动了我国农村土地制度的再一次变革，土地由农民所有、农民自主经营变为农民所有、集体统一经营。

不到一年时间，初级社很快过渡到高级社。1956年6月30日，一届全国人大第三次会议通过的《高级农业生产合作社示范章程》第13条规定："入社的农民必须把私有的土地和耕畜、大型农具等主要生产资料转为合作社集体所有。"农民保留私有的生活资料和零星的树木、家禽、家畜、小农具、经营家庭副业所需要的工具，同时分配农户少量的菜园地供其使用。高级农业生产合作社不仅取消了农民的私有产权和家庭经营，而且突破了传统社区血缘关系的土地产权边界。高级农业生产合作社不再按照自然村建立生产组织，打破了传统的小农村社经济制度的组织载体（应星，2014）。到1956年年底，加入合作社的农户达1.18亿户，占农户总数的96.3%。其中，参加高级社的农户占农户总数的87.8%，基本上完成了对个体农业的社会主义改造（何沁，1993）。在这一阶段，农民的土地被无条件地转为集体所有，其他诸如耕牛、大农具等原来为农民私有的生产资料也被作价转为集体所有，整个合作社实行统一计划、集体劳动、统一经营、统一分配，使合作社的性质从土地私人占有、合作经营转变为土地归合作社集体所有、集体经营，农村土地产权制度发生了根本性的变革。

高级社又急速地朝着更高级的人民公社发展。1958 年 4 月，中共中央公布了《关于小型农业社适当地合并为大社的意见》，于是，全国各地出现了合作社的合并高潮，合并后的合作社被冠以“共产主义公社”“集体农庄”“人民公社”等名称。全国的公社化从 1958 年 7 月开始发展，8 月中下旬中共中央召开政治局扩大会议，通过了《中共中央关于在农村建立人民公社问题的决议》，指出建立工、农、商、学、兵相结合和农、林、牧、副、渔全面发展的人民公社是形势发展的必然趋势。9 月 10 日《人民日报》全文发表了这个决议，要求全国各地尽快将小社并成大社，转为人民公社。9 月底，全国共有 27 个省区市共计建立人民公社 23384 个，入社农户占总农户的 90.4%，其中有 12 个省达到 100%。河南、吉林等 13 个省，有 94 个县以县为单位建立了人民公社或联社。同年 11 月初，仅 3 个月的时间，全国农村就基本实现公社化，实现了土地等生产资料的公社所有制，74 万多个农业生产合作社被改造为 26500 多个人民公社，入社农户达 1.2 亿户，占农户总数的 99.1%（廖洪乐，2008）。

与合作社相比，人民公社的性质与高级农业生产合作社是相同的，但规模却要大得多，高级农业生产合作社一般由几个初级农业生产合作社组成，平均规模不过 200 户，而人民公社却相当于约 23 个高级农业生产合作社，每个公社约有 4797 户农户。原高级社全部生产资料和原社员保留的自留地、山林、果园等一律转为社有，人民公社的生产资料公有化程度最高，废除了一切私有财产，并在全社范围内实行统一生产、集中劳动、统一核算、统一分配，还曾一度实行军事化管理。这种“一大二公”的所有制形式，实际上超越了当时的生产力发展水平，是一种非理性的“冒进”。在这种无理性的狂热运动之中，农村普遍兴办公共食堂、推行“供给制”

"吃饭不要钱"，被颂扬成人民公社化运动的伟大胜利，被证明为"人民公社是加速我国社会主义建设的最好形式，是全国农村由社会主义集体所有制过渡到社会主义全民所有制的最好形式，也是将来由社会主义向共产主义过渡的最好的组织形式"（国家统计局，1959）。

各地纷纷刮起共产风、浮夸风、命令风、干部特殊风、对生产的瞎指挥风。这些不切实际的"五风"，不但严重脱离农村实际，导致农村基层政权基础不牢，而且极大地挫伤农民农业生产积极性。数据显示，在人民公社初期（大公社时期），全国粮食产量急剧减少，粮食征购量却不降反升，征购比例高达33%。尤其是1959年，当年粮食产量比上年减产3000万吨，但粮食征购居然增加864.5万吨，粮食征购比例从29.4%飙升到39.7%（辛逸，2005）。在随后一两年里，人民生活普遍陷入困难境地。

为此，中共中央于1960年11月发出《关于农村人民公社当前政策问题紧急指示信》，调整人民公社所有制为"三级所有、队为基础"。1961年3月，中央颁布了《农村人民公社工作条例（草案）》。这份条例第二条规定："农村人民公社一般地分为公社、生产大队和生产队三级。以生产大队的集体所有制为基础的三级集体所有制，是现阶段人民公社的根本制度。公社在经济上，是各生产大队的联合组织。生产大队是基本核算单位。生产队是直接组织生产和组织集体福利事业的单位。"尽管它确定了人民公社的"三级所有"，却是以生产大队为"基础"的，并不是后来所指的生产队。

在有着数百户农户的生产大队实行农业的统一经营、统一核算、统一分配，平均主义的"大锅饭"问题仍然得不到解决，不少农民再次要求"包产到户"，引起了中央领导的重视。1961年9月16日，毛泽东给政治局常委及有关同志写信，提出基本核算单位是生产队而不是生产大队。他说，在这个问题上，我们过去过了六年（1956—1961年）之久的糊涂日子，第七年该清醒过来了吧（陈锡文、罗丹、张征，2018）。同时刘少奇、周恩来、陈云、邓小平等中央领导分赴全国农村，深入基层，进行调查研

人民公社是中国历史上最奇特的一种农村体制设计，在此之前从未有过，在此之后或许也不再存在。在人民公社体制中，生产队、生产大队和公社并非简单的三个组成层级的关系。“三级所有、队为基础”的人民公社，实际上是一个“政社合一”的基层治理共同体，这个共同体是由国家建构的，生产队成为这个复式结构的基层国家治理共同体的最基础部分。有必要指出的是，这个基层国家治理共同体显然跟党的十九届四中全会所提出的“社会治理共同体”完全不同：前者遵循的是全能主义国家的逻辑，国家吸纳并完全覆盖了基层社会；后者遵循的则是“国家”与乡村社会合作共治的逻辑，政党、国家和基层社会在此交汇融通合作（吴理财，2020）。

三、乡政村治中的村民小组

“人民公社初建之时，曾设想以公社为农村集体经济组织的基本核算单位，但失败了；1960 年年底将基本核算单位退到大队，收效甚微；1962 年年初再将基本核算单位退到小队，但仍不成功，仍然解决不了小队内部人与人之间的平均主义问题”（陈锡文、罗丹、张征，2018）。尽管国家和乡村社会在生产队这个组织层面达成了一定的均衡，但是农民并未就此停止与农业集体生产的博弈，“包产到户”等要求不绝于耳。

在 1978 年前后，安徽、四川等省的一些村庄开始秘密实行“包产到户”“包干到户”，这种承包风在随后一两年很快刮向全国。到 1980 年年底，全国 14.9% 的生产队实行“包产到户”或“包干到户”（彭森、陈立等，2008）。到 1981 年年底，全国 90% 以上的生产队已建立了不同形式的农业生产责任制（赵阳，2007）。到 1982 年年末，实行“双包”的生产队已经占到全国生产队的 97.8%，其中大部分是“包干到户”（彭森、陈立等，2008）。

1982 年 1 月 1 日，中共中央批转了《全国农村工作会议纪要》。这份文件开始突破传统的“三级所有、队为基础”的体制，明确指出“目前实行的各种责任制，包括小段包工定额计酬，专业承包联产计酬，联产到劳，包产到户、到组，包干到户、到组，等等，都是社会主义集体经济的生产责任制"。同时，还特别指出，它不同于合作化以前的小私有的个体经济，是社会主义农业经济的组成部分。进一步消除了人们的思想疑虑，促进了"包产到户""包干到户"的迅速发展，甚至"包干到户"已经在相当多的地方取代了"包产到户"。

1983 年 1 月，中央一号文件《当前农村经济政策的若干问题》对家庭联产承包责任制做出高度评价，正式将家庭联产承包责任制确立为我国农村改革的一项战略决策。到 1983 年年底，全国农村实行家庭联产承包责任制的生产队达到 99.5%，其中实行包干到户的占生产队总数的 97.8%（罗汉平，2006）。

农村家庭联产承包责任制适应了当时农业生产力发展的要求，改变了人民公社时期集体生产、集体劳动、统一分配的经营管理方式，赋予农民更多更加自主的生产经营权，农民在承包土地上种什么、种多少以及何时生产、如何生产由农民自己说了算，"交够国家的、留足集体的，剩下都是自己的"，极大地激发和调动了农民生产积极性。据统计，1984 年跟 1978 年比较，农业总产值增长了 61.9%，年均增长 8.4%（国家统计局，1989）。我国粮食亩产由 1978 年的 168.5 公斤增加到 1984 年的 240.5 公斤，增长了 42.73%（郑有贵、罗贞治、李成贵，1998）。1978 年，我国粮食总产量 3047.5 亿公斤，1984 年达到 4073 亿公斤，增长了 33.7%；人均粮食占有量从 1978 年的 316.5 公斤增加到 1984 年的 390.5 公斤，增长了 23.4%。农民人均纯收入从 1978 年的 134 元增加到 1984 的 355 元，扣除价格因素后实际增长了 1.5 倍，年均增长 16.2%。1978 年，我国农村贫困人口（标准为每人每年 100 元）为 2.5 亿人，贫困发生率为 30.7%；到 1985 年农村贫困人口下降为 1.25 亿人（标准为每人每年 206 元），贫困发生率降为 14.8%（陈锡文，2018）。实行家庭联产承包责任制后，土地等农业基本生产资料公有制的产权关系发生了重大变化。集体仍享有土地的所有权，农户则通过承包的方式成为土地独立的使用者和经营者，由此实现了我国农村土地制度的第四次变革。

以土地经营制度变革为核心内容的农村经济体制改革的深入发展，必然动摇“政社合一”的人民公社体制，一时造成“农村一部分社队基层组织涣散，甚至陷入瘫痪、半瘫痪状态，致使许多事情无人负责，不良现象在滋长蔓延”（中共中央文献研究室，1982）。为此，我国开启了“政社分开”的探索。1982 年 4 月 12 日，中共中央、国务院就农村人民公社政社分开问题发出通知，该通知提出：《宪法修改草案》按照改变现行的政社合一的人民公社体制的原则，规定设立乡人民政府，人民公社为集体经济组织，不再兼负政权职能。并要求先做好试点，分期分批有计划地逐步改变。同年 12 月 4 日，第五届全国人大第五次会议通过新《宪法》，把乡列为一级行政单位建立政府。这为随后实行“政社分设”，提供了法律依据。

1983 年 1 月 2 日，中共中央印发“一号文件”《当前农村经济政策的若干问题》，提出“人民公社的体制，要从两方面进行改革。这就是，实行生产责任制，特别是联产承包制；实行政社分设”。

1983 年 10 月 12 日，中共中央、国务院联合发布《关于实行政社分开建立乡政府的通知》（中发〔1983〕35 号）。这个通知明确指出：“随着农村经济体制的改革，现行农村政社合一的体制显得很不适应。宪法已明确规定在农村建立乡政府，政社必须相应分开。”该通知第七条同时提出：“村民委员会是基层群众性自治组织，应按村民居住状况设立。村民委员会要积极办理本村的公共事务和公益事业。协助乡人民政府搞好本村的行政工作和生产建设工作。村民委员会主任、副主任和委员要由村民选举产生。……有些以自然村为单位建立了农业合作社等经济组织的地方，当地群众愿意实行两个机构一套班子，兼行经济组织和村民委员会的职能，也可同意试行。”这一条并未对村委会的具体设置，做出统一、明确的规定。以致在撤社建乡初期，村、组的设置各地并不一致。

尽管大部分农村将原生产大队改设为村委会、原生产队改设为村民小组，但也有不少地方农村在生产队一级建立村委会，在生产大队的基础上设立村公所（或者管理区）。到 1989 年 9 月，全国仍然有 9 个省（自治区、直辖市）推行村公所体制。其中，广西、云南在农村全面建立了村公所；广东除广州、深圳、珠海三市以外的地方和海南全省普遍设立了相当于村公所的管理区办事处；江西有 6 个地市的 206 个乡镇建立了 2033 个村公所；河北在三河、丰润等 6 个县试点，共建约 70 个村公所；黑龙江尚志市的 364 个村全部建立了村公所；北京在丰台区建立了 83 个村公所；湖北也在钟祥县进行了村公所试点，所涉及的村庄大约占全国村庄总数的 1/10（张厚安、白益华，1993）。各地的村公所主要有三种类型：一般是以原生产大队为基础组建村公所（管理区办事处），将村民委员会下沉到自然村或几个小自然村组成的生产队；也有的在原生产大队实行村公所与村委会“两块牌子一套人马”；还有个别地方干脆取消村委会，在原生产大队设置村公所，直接管辖村民小组（沈延生，1998）。1993 年，中共中央 7 号文件（《中共中央关于印发〈关于党政机构改革的方案〉和〈关于党政机构改革方案的实施意见〉的通知》）就提出：“为减少管理层次，乡镇不再设置派出机构村公所”。但是，一些省区取消村公所还是比较缓慢的。譬如，广西壮族自治区民政厅先后三次写报告给区委、区政府，提出在全区撤销村公所改设村委会，直到 1995 年才获得批准（民政部基层政权建设司，1996）。到 1996 年 1 月止，除柳州地区外，广西全区 14 个地（市）、78 个县（市、区）先后完成了撤销村公所改设村委会工作。但是，云南和广东两省在一段时间里仍继续实行村公所（管理区办事处）体制。少数农村村公所直到 20 世纪 90 年代后期才最终撤销。其间不乏将国家政权建设在行政村或者将村民自治下沉到村民小组（或自然村）的争论。

到 1983 年年底全国已有 12702 个人民公社宣布解体，1984 年又有 39838 个人民公社摘掉牌子，1985 年所余的 249 个人民公社自动解体，取而代之的是 79306 个乡、3144 个民族乡和 9140 个镇（陈锡文、罗丹、张征，2018）。随着人民公社体制的解体，原来的“队为基础”也随之动摇。

到 1985 年，全国共建立起 948628 个村民委员会和 588 多万个村民小组，从而取代了日益瓦解的生产大队和生产队。至此，“人民公社”作为我国农村基层管理建制退出了历史舞台。

尽管许多生产大队、生产队在撤社建乡时已经换成了村民委员会、村民小组的牌子，但是村民自治制度实际的推行十分缓慢。1986 年 9 月，中共中央和国务院印发《关于加强农村基层政权建设工作的通知》，提出发挥群众自治组织自我教育、自我管理、自我服务的作用。时任全国人大常委会委员长彭真同志还曾提出：“农民群众把一个村的事情管好了，逐渐就会管一个乡的事情，把一个乡的事情管好了，逐渐就会管一个县的事情，逐步锻炼，提高参政议政能力，逐步向上延伸，逐步扩大民主范围。”（《彭真文选》）1987 年 11 月 24 日，全国人大常委会通过《中华人民共和国村民委员会组织法（试行）》，并从 1988 年 6 月 1 日起在全国试行。经过 11 年试行，《中华人民共和国村民委员会组织法》于 1998 年 11 月 4 日经第九届全国人大常委会第五次会议正式通过①。从此以后，我国农村普遍实行村民自治制度，由此在我国农村地区建构了“乡政村治”体制。

对于改革开放以来逐渐形成的乡政村治结构中的村民小组，“它一般是由原来的生产队改建的”，许多人只是这样轻描淡写地一笔带过。只有少数学者做了较为详细的论述，例如，贺雪峰提出，“由生产队演变而来的村民组虽然不再如生产队一样，是由国家强行嵌入的体制，而只是一个生产队的遗留物，但在人民公社解体后，村民组仍然是一个真正的熟人社会，生产队的认同在很多农村依然存在”，“生产队也留下了一些遗产，其中的主要遗产是物质性的，比如，‘队为基础’的体制，使生产队事实上成为农村土地的占有者，承包土地的农户，是在本生产队内具有承包土地的权力，农户不能到其他生产队去伸张自己的土地承包权。……除了物质性的遗产，生产队还遗留下其他遗产，比如生产队共同劳动，容易产生男

① 2010 年 10 月 28 日，第十一届全国人大常委会第 17 次会议，对《中华人民共和国村民委员会组织法》又进行了修订。

女青年的感情，因此发生生产队内的通婚；生产队介入农户的婚丧大事（通过新事新办等办法），使生产队同时成为一个人情单位；生产队时期的强有力互动，使村民之间有着更为深刻的互动体验（有时是负面的体验）；共同生产及参加生产队的会议，共同演出文艺节目及共同外出参加建设，都会遗留下来一些东西”（贺雪峰，2005）。

的确，乡政村治中的村民小组承续了原来生产队的集体主义新遗产，但也发生了根本性变化，它由原来的农村集体基本生产单位转变为乡村社会生活共同体。这种变革主要是两个方面的因素引起的：一是随着农村家庭联产承包责任制的广泛实行，农业生产由以村民小组为单位转变为以农户家庭为单位，村民小组的集体生产功能消失殆尽；二是村民小组的集体所有权不断虚化、上移到村，原本是“村民自我管理、自我教育、自我服务的基层群众性自治组织”的村委会日渐成为农村集体所有权实际的“特别法人”。诚如刘守英所言，“原本作为土地集体所有权主体的村民小组（原生产队），在村庄治理结构变革中，越来越失去土地的所有权”。地方干部认为，如今“村民小组已经不承担什么职能了，生产功能被农户家庭取代，公共物品提供和行政事务主要由村委会行使，行使土地所有权主体的土地发包、证书签发等也就自然到了村委会一级，村民小组作为土地所有权的单位也就被视为可有可无了”（刘守英，2016）。特别是经过土地确权以后，许多农村的土地产权落实到村。现在的村民小组几乎没有了公章，甚至有些省份在农村税费改革之时以“减人减事”为由取消了村民小组组长的设置，村民小组只是农民日常交往和人情往来的一个生活单元而已。一般而言，农民的生老病死、日常交往基本上是在村民小组这个社会生活共同体之内进行的。对于进城的“乡下人”而言，他们所依恋梦回的也主要是村民小组这个社会生活共同体。这个时候的村民小组，跟滕尼斯所描述的“共同体”（gemeinschaft）十分接近。

四、乡村治理中的村民小组

党的十八大以后，治理话语开始进入党的政策文本之中。除了2013年高乡村治理效能”。

其实，在以村民小组为基本单元开展村民自治试点之前，不少地方以村民小组为基本单元开展“一村多社区”式农村社区建设。其中最有影响力的是江西省村落社区建设和湖北秭归县“幸福村落”建设，它们都把农村社区建设在村民小组或自然村落上，强调村民小组或自然村落是农村社会的基本单元，有着共同的生产生活环境和方式，认同感和归属感较强。立足村民小组或自然村落开展社区建设，便于组织群众参与，容易形成共识和合力，也易于形成集体意志和集体约束力。当时，江西省在村落社区普遍建立“一会五站”，即通过民主选举，产生以德高望重、有影响力和组织管理能力较强的“五老”人员为主体的志愿者协会；协会下设社会救助站、卫生环境监督站、民间纠纷调解站、文体活动联络站和科技信息传递站。湖北秭归县最早在杨林桥镇撤销运行多年的村民小组，组建农村社区。按照“地域相近、产业趋同、利益共享、规模适度、群众自愿”的原则，在全镇14个村成立了306个社区、1034个互助组。每个社区30户左右农户，设理事长1人，理事2~4人，由村民“海选”产生，任期1年。从而建立了“村委会—社区理事会—互助组—基本农户”的农村社区自治组织架构。从2012年8月起，秭归县又在全县12个乡镇全面推进“幸福村落”创建。以“每个村落面积1~2平方千米、规模在30~80户”为基本标准划分村落。每个村落建立由“一长八员”（理事长，经济员、宣传员、帮扶员、调解员、维权员、管护员、环保员、张罗员）组成的村落理事会，由此建构了“村民委员会—村民小组—村落”三级村务管理构架(吴理财、李山等，2016)。

总之，无论是以农村社区建设还是以村民自治的名义，这一时期在村民小组进行上述这些试点、实验或改革，其主要意图都是“推动乡村治理重心下移”，“把夯实基层基础作为固本之策”，实现“治理有效”①。所

① 中共中央国务院关于实施乡村振兴战略的意见［EB/OL］. 中国政府网，2008-01-02.

以，这一时期的村民小组又在从乡村社会生活共同体转向乡村社会治理共同体，尽管这个转向才开始，尚未进入完成式。并且，我所理解的乡村社会治理共同体实际上包含着乡村社会生活共同体，或者说乡村社会生活共同体是乡村社会治理共同体的一个重要构成。

对于什么是社会治理共同体，目前还没有统一的界定。但是，它显然不同于社会生活共同体。因此，不能简单地把它等同于社区、村、单位或者其他单一的甚至相互分离的某个具体的“组织”或“群体”，而是应该把它看作一种综合性共同体。这种综合性共同体同时体现在它的包容性上，它强调共建、共享、共治。在我国，这种共同体是“一核多元”、政府主导式的网络化治理结构。而且，在我国城乡基层，这种共同体又是复式/复调结构的。换言之，城乡基层社会治理共同体是包含乡镇街道、村或社区、村民小组或小区甚至更加细小单元、社会组织和公民个体的社会综合体。在这一治理共同体中，实行自治、法治和德治相结合的治理方式。从这个意义而言，这种社会治理共同体超越了“管理有序、服务完善、文明祥和的社会生活共同体”（吴理财，2020）。也就是说，当前乃至今后一个时期，村民小组乃是乡村社会治理共同体的基本构成部分甚至是乡村社会治理共同体的基础性单元。

五、总结

本文对村民小组进行了历史制度主义分析。这里的“制度”，主要以党和政府的政策文件来表征。很显然，厘清村民小组的性质、定位及其功能必须返回到历史中进行分析，并且在不同的历史阶段，村民小组的性质、定位和功能其实是不同的。

在我国，不同历史时期的村民小组性质、定位和功能，基本上都是由国家定义的，并随着国家政策变迁而变化。从前文论述可以看出，村民小组的土地集体所有权，是由国家通过农业合作化而逐步确立并赋予的。不过，这种集体所有权实质上是一种（社员或村民）共有产权，诚如法国社

财政自主性抑或民主治理影响村庄公共品供给

——2014年15省（区）102县102村的问卷调查分析

一、研究假设

对于公共品供给，国内外有不少学者从财政分权或财政自主性角度展开研究。一部分学者认为，财政分权促进了地方公共品供给。譬如，美国经济学家蒂布特（Charles C. Tiebout）认为向地方政府分权有利于提高该社区公共品的供给水平：相对于中央政府，地方政府更加了解本地居民的偏好。奥茨（Wallace E. Oates）在《财政联邦主义》通过一系列假定提出了分权化提供公共品的比较优势，认为地方政府在提供公共品上具备更高的效率①；他在2006年进一步提出，财政分权会鼓励地方政府进行试验和制度创新，所以公共服务会变得更加优质②。国内外一些学者的实证研究

① OATES W E. Fiscal Federalism [M]. New York: Harcourt Brace Jovanovich, 1972.

② OATES W E. On the Theory and Practice of Fiscal Decentralization [D]. Lexington: University of Kentucky, 2006.

也论证了这一观点①。例如，刘天军等通过对陕西省 10 个市面板数据的分析，认为财政分权对农村公共品供给效率具有正向促进作用。一个地区财政分权度越高，人口密度越大，地方公共物品供给效率就越高②。

不过，我们却不能忽视蒂布特、奥茨的财政分权理论的前提假设，即地方资源和生产要素可以自由流动以及居民可以“用脚投票”，还有与之相配合的民主体制和社区代表权。这些理论前提在许多国家或地区其实并（完全）不存在，以致在这些国家或地区，财政分权不但不能改善地方公共品的供给，甚至会滋生腐败③。基恩（M. Keen）、马谦德（M. Marchand）证明，在资本自由流动而劳动力不可流动的假设下，对于公共支出的总体水平，生产性的公共品（基础设施等）并不一定供给不足，而仅仅服务于当地居民福利的公共服务一定供给不足④。莫罗（P. Mauro）则发现，由于从不同支出中获取贿赂的难易不同，腐败的政府会将更大的比重支出在基础设施上，而降低支出于教育的比重⑤。一些学者认为，由于我国存在

① WALLIS J，OATES W. Decentralization in the Public Sector：An Empirical Study of State and Local Government ［M］//ROSENH，ed. Fiscal Federalism：Quantitative Studies. Chicago：University of Chicago Press，1988；JUSTMAN M. Infrastructure，Growth and the Two Dimensions of Industrial Policy ［J］. Review of Economic Studies，1995，62（1）：131－157；FAGUET J. Does Decentralization Increase Government Responsiveness to Local Needs? Evidence from Bolivia ［J］. Journal of Public Economics，2004，88（4）：867－893. 国内学者的相关研究，可参阅张军，高远，傅勇，等. 中国为什么拥有了良好的基础设施？分权竞争、政府治理与基础设施的投资决定［J］. 经济研究，2007（3）；陈诗一，张军. 财政分权改善了中国地方政府的支出效率吗？——来自1978—2004 年的省级证据［M］//张军，周黎安. 为增长而竞争：中国增长的政治经济学. 上海：上海人民出版社，2008；陈硕. 分税制改革、地方财政自主权与公共品供给［J］. 经济学（季刊），2010（4）.

② 刘天军，唐娟莉，翟学喜，等. 农村公共物品供给效率测度及影响因素研究——基于陕西省的面板数据［J］. 农业技术经济，2012（2）.

③ PRANAB，BARDHAN. Decentralization of Governance and Development ［J］. Journal of Economic Perspectives，2002，16（4）：185－205.

④ KEEN M，MARCHAND M. Fiscal Competition and the Pattern of Public Spending ［J］. Journal of Public Economics，1997，66（1）：33－53.

⑤ MAURO P. Corruption and the Composition of Government Expenditure ［J］. Journal of Public Economics，1998，69（2）：263－279.

领域则被忽略①。

通过研究发现，财政分权对于地方公共品的提供是有条件的。在不具备一些必要前提条件的情况下，财政分权不仅不能提高效率，而且会带来一些意外后果。这些前提条件都与政府行为模式有关系，周飞舟认为最重要的并不在于分权还是集权，而在于政府行为。政府行为对于分权和集权来说，与其说是内生的，不如说是外生的，它是人们理解分权框架的前提而不是结果②。由此观之，地方政府行为总是基于一定的制度安排和相应的激励机制进行理性选择。因此，对于财政分权背景下的地方政府行为的考察，必须考量地方政府的结构因素。

对于一个中国村庄而言，它所置身的结构因素，既包括国家的制度安排以及地方基层政府的具体制度实践，也包括村庄本身的治理结构及其社会结构。处身于这种综合的结构网络之中的村庄，它的公共品供给是否与一般的地方政府的公共品供给具有类似的行为特点呢？抑或它受制于村庄本身的结构更加显著，而与一般地方政府的公共品供给行为迥异？

例如，在乡村关系方面，吴士健指出，我国现行的农村公共产品供给实行的是自上而下的公共品决策机制，农村公共品的供给取决于县、乡级政府的偏好，由它们决定提供公共品的数量和种类，没有建立公共品的农民需求表达机制，不能有效反映农村社区内多数人的需求意愿③。刘炯认为，当前中国农村公共品供给存在着困境，形成这一困境的根本原因是单中心体制，主要包含单中心的治理模式、单一的供给主体以及高度集中的资金安排④。

在村级治理机制方面，张晓波等人的案例研究发现，中国农村的民主

① 陈硕. 分税制改革、地方财政自主权与公共品供给［J］. 经济学（季刊），2010（4）.

② 周飞舟. 分税制十年：制度及其影响［J］. 中国社会科学，2006（6）.

③ 吴士健. 试论农村公共产品供给体制的改革与完善［J］. 农业经济，2002（5）.

④ 刘炯. 多中心体制：解决农村公共产品供给困境的合理选择［J］. 农村经济，2005（1）.

选举会提高当地公共品的供给水平①。刘永功、余璐通过比较发现，村民自治的好坏是直接影响村庄公益事业建设的一个重要因素，完全的民主能够在很大程度上改善村庄公共品供给的有效性②。前述王淑娜、姚洋的数据分析则发现，民主选举增加了村庄公共支出的比例，却损害了村际公共品的供应。但也有学者质疑这一观点，认为基层民主虽然给予了村民一定的权力，从而可能增强对村干部的问责，但基层民主的分散特性也可能会使地方精英更容易攫取村庄的行政权力、掌控地方政治，因此，民主未必会导致更加公平的公共品供应③。

胡家琪、明亮通过对村庄内部不同层面公共产品供给状况的定性考察，发现公共权威力量是保障村庄公共产品供给的前提④。孔卫拿、肖唐镖则深入讨论了村级公共品供给与乡村权威、组织结构之间的关系，认为村级基本公共物品的供给受制于复杂的乡村内生权威和组织结构，并不是任何类型的村庄公共权威都会促进村庄公共品的供给：村支书兼任村委会主任的村庄，供给质量相对较差；存在教会组织、老年协会和专业技术协会的村庄，供给水平相对较好。为此，他们提出，要高度重视作为治理之基的乡村内生权威与组织结构建设，通过国家财政力量下乡与村庄社会治理结构承接的良性互动，实现地方基本公共品供给质量的最大化⑤。

刘永功、余璐也认为，村干部如果能够和村民有较好的沟通，并有一

---

① ZHANG X B，FAN S G，ZHANG L X，et al. Local Governance and Public Goods Provision in Rural China [J]. Journal of Public Economics，2004 (12)：2857 - 2871.

② 刘永功，余璐. 村庄公共产品供给机制研究 [J]. 中国农业大学学报（社会科学版），2006 (2).

③ BARDAN P，MOOKHERJEE D. Decentralizing Antipoverty Program Delivery in Developing Countries [J]. Journal of Public Economics，2005，89 (4)：675 - 704.

④ 胡家琪，明亮. 农村公共产品供给的基础：公共权威——对重庆东北部四季村的调查 [J]. 乡镇经济，2009 (8).

⑤ 孔卫拿，肖唐镖. 财政转移支付、地方治理结构与中国农村基本公共品供给质量——基于2011年全国23省149村抽样调查的实证分析 [J]. 人文杂志，2013 (12).

定的威信，村庄内部的管理就容易很多，组织村民建设公益事业也非常容易；村庄的团结度高低，即村庄是否有共识直接影响着村庄公共产品的供给①。但深入分析发现，村庄不同的精英对农村公共产品的供给却产生着不同的影响。李浩昇认为，一般来说，道德型的精英更愿意给村民提供细致化的、更多的公共产品；而经济实力型的精英，在道德上不如道德型精英这般无瑕，在村庄事务中也往往因为经济原因遭部分村民诟病。但他们往往会利用自身强大的经济实力和影响力，通过提供高水准的公共品来冲淡村民的不满情绪，以此获得村民的支持。因此他主张，对于当下的中国村庄来说要提高公共品的供给效率，就必须改善村庄的治理结构，必须形成多中心治理的格局，改善村治的基本状况，这样才能根本地改变公共品供给的微观机制②。

应该说，上述这些关于中国村庄公共品供给的研究是有启发性价值的。不过，其中大多数采用的是个案或定性比较方法进行研究的。这些质性观察仍然有待于量化分析的检验。本文在孔卫拿、肖唐镖等研究的基础上，提出如下假设：

假设1：乡村关系越松散，村级公共品供给越好。

假设2：村庄财政自主性越高，村庄公共品供给越好。

假设3：村支书和村主任不是一人兼任的村庄相对于“一肩挑”的村庄，其公共品供给更好；而且，村支书跟村主任关系好的村庄，其公共品供给更好。

假设4：村级财务支出通过民主理财小组决定的村庄，其公共品供给更好。

假设5：村务公开的村庄，其公共品供给更好。

① 刘永功，余璐．村庄公共产品供给机制研究［J］．中国农业大学学报（社会科学版），2006（2）．

② 李浩昇．经济水平与村庄精英：分析农村公共产品供给的“二维四分”框架——以江苏4村为例［J］．南京农业大学学报（社会科学版），2010（3）．

假设6：村庄各类组织越多，公共品供给越好。

假设7：村民对村庄公共事务越关心，村庄公共品供给越好。

假设8：村民外出务工越多，村庄公共品供给越差。

假设9：村庄公共品供给质量存在明显城乡差异。

二、数据分析

为了检验这些假设，本文使用课题组2014年暑期完成的一项农村问卷调查的《村情表》数据进行分析①。

本次问卷调查共收回《乡镇基本信息表》80份、《村情表》121份、《农民调查问卷》1591份，涉及江苏、山东、广东、福建、湖北、安徽、河南、湖南、江西、山西、广西、贵州、内蒙古、四川、宁夏15个省、区的102个县（市、区）121个村。为了使分析的样本更加均衡，我们在同一个县仅选取1个村进行分析，同时，还删除了个别填写的数据不够完整的村。这样处理以后，我们仅保留了102个村的样本数据。其中，东部地区样本数为18份（占17.65%），中部地区样本数为50份（占49.02%），西部地区样本数为34份（占33.33%）。由于人力和财力等客观条件的限制，本次问卷调查无法按照科学抽样的要求实施，因此调查样本的选择及其分布均存在一定的局限性。

关于村庄公共品供给质量，《村情表》设计了20个题项，包括路电水气、有线电视、互联网、文体教卫、村庄规划等内容。下面是这些选项的赋值及其描述性统计（见表1）。

① 本次调查，课题组委托华中师范大学、河南大学、曲阜师范大学等高校的学生在自己家乡实施问卷调查，要求每位同学完成1份《乡镇基本信息表》、1份《村情表》和10份左右的《农民调查问卷》。这些调查问卷由华中师范大学政治学研究院地方政府学专业2013—2014级研究生录入。在此，对这些参与调查和问卷录入的同学和老师表示感谢！

表 1　村庄公共品供给质量描述性统计

题项	选项赋值	最小值	最大值	平均值	标准差
村道路	组组通 =1；个别村民组通 =0.75；只通到村部 =0.5；不通道路 =0	0	1	0.86	0.26
道路硬化	是 =1；否 =0	0	1	0.75	0.43
村主干道路灯	是 =1；否 =0	0	1	0.42	0.50
通公交车	是 =1；否 =0	0	1	0.34	0.48
电网改造	是 =1；否 =0	0	1	0.80	0.40
通自来水	是 =1；否 =0	0	1	0.68	0.47
水利设施新建维护改造	是 =1；否 =0	0	1	0.59	0.49
村民通有线电视	是 =1；否 =0	0	1	0.75	0.43
村民家里上网	是 =1；否 =0	0	1	0.66	0.48
改厕	是 =1；否 =0	0	1	0.43	0.50
生活垃圾集中处理	是 =1；否 =0	0	1	0.60	0.49
村清洁工	有 =1；没有 =0	0	1	0.57	0.50
村中建有沼气池	有 =1；没有 =0	0	1	0.52	0.50
2013 年合作医疗参保率	%	0	100	89.76	19.59
村医	名	0	20	2.53	2.64
2013 年养老保险参保率	%	0	115	77.21	24.39
村学校或教学点	有 =1；没有 =0	0	1	0.62	0.49
文体活动场所	有 =1；没有 =0	0	1	0.51	0.50
2013 年文化活动	次	0	7	0.93	1.34
村庄规划	有 =1；没有 =0	0	1	0.58	0.50

根据表 1 的各个题项的赋值，将其加总生成村庄公共品供给质量指数。我们将该指数作为本文分析的因变量 Y。为了检验前述假设，本文选取《村情表》中相关题项作为自变量 X_n，它们主要包括乡村关系、村庄治理、社会组织、公共意识、村庄自然条件等内容。以下是这些变量的描述性统

计（见表2）。

表2 各类变量的描述性统计

变量定义	赋值	观察值	最小值	最大值	均值	标准差
公共品供给质量指数 Y		102	2	31.38	14.81	5.61
乡村关系 X_1	1 = 乡镇对村管得太多；2 = 乡镇对村指导到位；3 = 乡镇对村指导不够	99	1	3	1.99	0.56
财务管理 X_2	1 = 村财乡管；2 = 村财村管；3 = 其他	95	1	3	1.41	0.59
村支书是否兼任村委会主任 $X_{3.1}$	1 = 村支书、村主任“一肩挑”；2 = 村支书、村主任由不同人担任	102	1	2	1.75	0.44
村支书与村主任关系 $X_{3.2}$	1 = 很好；2 = 一般；3 = 矛盾大	93	1	3	1.47	0.58
村财务支出决定权 X_4	1 = 村支书；2 = 村主任；3 = 民主理财小组	99	1	3	2.47	0.84
村务公开 X_5	1 = 有；0 = 没有	101	0	1	0.90	0.30
农村专业合作社数量 $X_{6.1}$	个	96	0	16	1.25	2.42
农村各类社会文化组织数量 $X_{6.2}$	个	95	0	4	0.63	0.91
教会组织 $X_{6.3}$	个	97	0	5	0.25	0.72

然而，村庄是否处在城郊、集镇或乡村却跟村庄公共品供给质量十分显著的相关（$\gamma = -0.348$，且 $P = 0.0\%$），城郊村庄的公共品供给质量要比地处集镇的村庄、偏远农村的村庄更好，并形成一种梯度结构状态。由此可见，我国长期形成的城乡二元体制从根本上阻碍了农村公共品供给质量的改进。

为了进一步论证上述观点，在相关分析的基础上，我们依次加入变量 $X_{3.2}$、$X_{6.2}$、X_9、X_5进行多元线性回归分析，形成如下四个回归模型（见表4）。

表4　村庄公共品供给质量多元线性回归分析

	模型1	模型2	模型3	模型4
$X_{3.2}$	-0.297*** (-2.972)	-0.242** (-2.382)	-0.206** (-2.119)	-0.139 (-1.334)
$X_{6.2}$		0.268*** (2.633)	0.182* (1.825)	0.140 (1.381)
X_9			-0.336*** (-3.369)	-0.375*** (-3.704)
X_5				0.181* (1.700)
R^2	0.078	0.129	0.223	0.241
F	8.836***	7.394***	9.139***	7.735***
N	91	84	82	81

注：（1）表中系数为标准回归系数，括号内数值为T检验值；（2）*、**、***分别表示在10%、5%、1%水平上显著。

从模型1到模型4，拟合优度依次从0.078、0.129、0.223提高到0.241，它们的F检验都在1%水平上显著。

尤其是模型3，$X_{3.2}$（村支书与村主任关系）、$X_{6.2}$（农村各类社会文化组织数量）、X_9（村庄社区类型）三个解释变量均通过了显著性检验。而且，模型3中的自变量可以解释因变量22.3%的变化，是一个关于村庄公共品供给质量较好的多元线性回归解释模型。

在这三个解释变量中，村庄社区类型标准回归系数（B = -0.336）的绝对值最高。也就是说，在城乡之间，村庄越是偏离城镇，其村庄公共品供给质量指数越低，每偏离一个级差，村庄公共品供给质量指数就会下降0.336个标准差。再对照前文的相关分析，即村庄公共品供给质量跟村庄地貌无关，却跟村庄处于城乡之间不同区间地带显著相关，进一步有力地证明了不是村庄地貌等自然条件而是城乡分割体制深刻地影响了村庄公共品供给质量。本文的假设9得到了验证。

在模型3中，村支书与村主任关系的标准回归系数（B = -0.206）的绝对值也是比较高的。可见村支书和村主任二者之间的关系越融洽，越有利于村庄公共品供给质量的提升。前文的统计分析却显示，村支书与村主任是否由一人兼任跟村庄公共品供给质量无关。这跟孔卫拿、肖唐镖的研究结论不一致，他们的数据分析认为，“一肩挑”权力结构对村庄公共品供给质量起到负向显著作用。由此可见，本文的假设3需要做修正，并有待进行进一步的数据分析验证。

然而，在模型4中，一旦加入了X_5（村务公开）解释变量后，$X_{3.2}$、$X_{6.2}$两个解释变量却没有通过显著性t检验，而X_5却通过了显著性t检验，而且，整个解释模型的拟合优度提高到0.241。说明，相对于村支书与村主任关系、农村各类社会文化组织数量而言，实行村务公开对于村庄公共品供给质量起着更加明显的促进作用。由此也再次论证了假设5是成立的。

三、基本结论

本文主要从乡村关系、村庄财政自主性、村级治理结构、民主管理机制以及农村社会组织、村民公共意识、村庄人口流动和村庄社区类型等方面对村庄公共品供给质量进行了定量分析。得出这样一些初步结论：乡村关系对村庄公共品供给产生了一定的影响，但具体的影响作用是什么仍然有待考察；中国村庄不同于一级基层地方政府，其财政自主性跟村庄公共品供给质量之间没有必然的关联；村庄权力是否集中并不是影响村庄公共品供给质量的重要因素，关键是村级班子是否团结、有凝聚力；村级财务支出是否经过民主理财小组决定也对村庄公共品供给质量没有产生线性作用，而实行村务公开则有利于改善村庄公共品供给质量；并非所有类型的村庄组织都对村庄公共品供给产生作用，统计显示只有村庄的社会文化组织越多越有利于村庄公共品供给质量的改进。

出乎意外的是，本文统计分析结果却认为村民对村庄公共事务是否关心跟村庄公共品供给质量无关，或许大部分村庄公共品的改善更多地取决于国家的投入和相关政策的实施。本文限于篇幅，对外在财政支持的影响作用没有进行分析：外在的财政支持对村庄公共品供给质量是否起到促进作用？抑或哪些类型的财政支持项目会对村庄公共品供给质量具有改进作用？如果外在的财政支持对村庄公共品供给质量起到促进作用，是否对各种类型的村庄公共品供给质量均产生促进作用？对此，我们将另文进行专题讨论。

此外，本文分析认为，村民外出务工人数多少与村庄公共品供给质量也没有必然联系，或许更加重要的问题是，这些外出务工村民将自己的生活重心安放在村庄内还是村庄之外。由此可见，村庄人口的自由流动跟村庄公共品供给质量之间不相关。

本文还发现，我国村庄公共品供给质量存在明显的城乡差异性。从现有文献来看，以往关于地方或基层公共品供给的研究主要局限于经济学领域，其讨论主要聚焦于财政分权或地方财政自主性。通过前文的数据分析，我们发现，这些研究对于考察中国农村村庄公共品供给的借鉴作用是有限的，之所以如此，至少有两个方面的原因：一是中国村庄不能简单地跟一级基层地方政府相等同，从而简单地套用西方地方政府分权理论来研究中国村庄；二是将中国村庄公共品供给仅仅放置在乡村关系（或府际关系）和村庄自身的治理结构（包括村庄自身的社会构造）中进行研究是不够的，还必须放宽视野，引入历史制度主义理论分析框架，把它放在更加宏观的城乡社会体制中进行分析。不可否认，中国村庄公共品供给更主要地受到长期形成的城乡二元结构的深刻影响。当前应该采取更加积极的政策措施，加快推进城乡社会经济的统筹发展，促进城乡公共品供给的均等化。

近一百年来现代化进程中的中国乡村

——兼论乡村振兴战略中的“乡村”

对于乡村振兴战略，尤其是乡村振兴战略中的“乡村”概念的认识，应放宽历史的视野进行慎思。在近百年中国现代化进程中，乡村不断衰败凋敝。这跟近百年来我国所选取的经济发展道路不无关系，更与人们对于“乡村”和“乡村发展”的认识紧密相关。在相当长的一个历史时期内，人们简单地将“乡村”与“农业”、“乡村发展”与“农业发展”相提并论，鲜有人把乡村视为一个社会（学）的概念加以理解和认识，遑论将此认识上升为一个共识性政策（并加以实施）。如果不能着力于社会建设来推进乡村振兴，实施乡村振兴战略极有可能沦为一个地方政府推动的经济发展行为，从而衍生出更多的社会问题①。总之，如果不能将乡村视为一个社会（学）的概念，并将乡村作为一个社会（共同）体进行建设，即便在（农业）经济发展上用尽全力，也将事倍功半，甚至做无用功。

① 对此，我们已有专文论述，在此不再赘论。请参阅吴理财，吴侗．乡村振兴社会建设应先行［J］．江汉论坛，2018（4）．

一

近代以来，自我国踏上现代化道路，乡村即出现凋敝衰败之势，由此引发了乡村往何处去、中国经济走何样道路的争论。这一争论从20世纪20年代开始，盛行于30年代，并持续至中华人民共和国成立之前。

20世纪二三十年代，关于乡村的争论①，大致形成四种主要意见：一派主张复兴农村，振兴农业以引发工业，这种观点以章士钊和当时搞乡村建设运动的梁漱溟等人为代表；一派主张发展工业，认为振兴都市工业才能救济农村，以吴景超、张培刚等人为代表；第三种意见是先农后工，主张首先使农业工业化，以在农村培植小规模农村工业作为向工业社会的过渡；第四种是调和论点，主张农工并重，提出发展民族工业和实行民主主义的计划经济。抗日战争爆发以后，这一争论暂时中断。40年代初，又有人写文章重弹以农为本的老调，于是一场论战又起。翁文灏提出“以农立国，以工建国”二者相辅相成的新观点。1945年，许涤新在《中国经济的道路》一书中阐述了关于新民主主义发展道路的观点，提出了“建设现代化工业和推动合作经济”的思想②。这些争论，处在中华民族内忧外患的特定历史时代，夹杂着如何救（立）国图强的想法。尽管如此，其争论的焦点仍在于中国到底是选择工业化道路还是农业化道路。

当时参与论战的学者，要么批评西方工业化的弊端而主张农业化，要么针砭我国农业之痼疾而提倡工业化。譬如，章士钊提出“业治与农”，主张“以农立国，文化治制，一切使基于农”。他以欧洲工商业的弊端来

---

① 罗荣渠. 从“西化”到现代化：五四以来有关中国的文化趋向和发展道路论争文选（下册）[M]. 合肥：黄山书社，2008.

② 罗荣渠. 从“西化”到现代化：五四以来有关中国的文化趋向和发展道路论争文选（下册）[M]. 合肥：黄山书社，2008：740.

论证其观点，“十八世纪以还，欧洲之工商业，日见开发。其本国之农业，大被剥蚀，以成畸形。所有道德、习惯、政治、法律、浸淫流衍，有形无形，壹是皆以工商为本……盖前此为农者，久已辞伦，好弃乡里，毁锄犁，空身手与工厂相依而为命。一厂朝闭，夕流离于道左，攫面包一片而不可得者，辄十数万人。所有农田次第沦于牧场、棉场、工矿市集，一去而不复返”①。孙倬章反对章士钊这一观点，认为“国计民生之病源，咸在于农业太盛，工业不振之故；当此之际，若复为重农之说，是不啻恶醉而强酒，救缢而引其足也”。显然，他主张发展工业。他以为“至于农业，则为保守的，少进化的，与现代社会之进化潮流，当相反；工业为进化的，且速进化的，与现代社会之进化潮流相适应。……倘仍保守农业，则农业必为工业的附庸”。“欲求农业发达，必先求工业发达；盖工业愈发达，则农业亦愈进步。”② 又譬如，董时进主张“中国不宜工业化”。“然观农业国可以不需工业国而独立，工业国不能离农业国而存在，前者不啻后者之寄生物。”他认为，“随世界工业化之增进，农国之需要加大，工国之需要加［减］少。达于一定程度以外时，农国求过于供，工国供过于求。农国过多尚与时无尤。工国过剩则病象立征。……中国处此工国多余之时，尚可工业化乎?”同时，他还指出：“农业之优点，在能使其经营者为独立稳定之生活。其弱点在不易致大富。然可以补贫富悬殊之弊。此短正其所长。农业国之人民，质直而好义，喜和平而不可侮。其生活单纯而不干枯，简朴而饶生趣。农业国之社会，安定太平，鲜受经济变迁之影响。”③ 董时进的农业国仿佛“桃花源”之国，杨铨认为“不特彼所渴望之农业化，不能完全实现，即其所恐惧之工业化，亦将永无完全实现之可

---

① 行严．业治与农［M］//罗荣渠．从“西化”到现代化：五四以来有关中国的文化趋向和发展道路论争文选（下册）．合肥：黄山书社，2008：741－742.

② 孙倬章．农业与中国［M］//罗荣渠．从“西化”到现代化：五四以来有关中国的文化趋向和发展道路论争文选（下册）．合肥：黄山书社，2008：767，748，757.

③ 董时进．论中国不宜工业化［M］//罗荣渠．从“西化”到现代化：五四以来有关中国的文化趋向和发展道路论争文选（下册）．合肥：黄山书社，2008：768－770.

能”，为此，他提出：“今世之立国，农业与工业不可偏废者也，而在中国为尤甚。”① 恽代英不但针锋相对地批驳董时进的农业国思想，还进一步论述了当时中国工业化的急迫性，认为“中国亦必化为工业国然后乃可以自存”②。再譬如，龚张斧分列工业（化）六弊、农业六利，而支持“以农立国”，他认为，“为挽救贫弱计，不得不提倡农业，倘及此不为，则不独吾国工业市场，将为外资席卷而去，甚至非得外国接济，莫能生活矣。至于都市之淫侈，盗贼之充斥，人心之浇漓，风俗之颓败，尤非提倡农业，使之返朴还淳。国性必至澌灭以尽，而国亦将不国矣”。③ 吴景超则认为，除了工业化，中国没有歧路。他分析了一些人不愿意主张工业化道路的四种原因。一是“夸大派”，这一派的人以为中国的文化，无论从哪一方面，都比外国高，不必学别人，还是以农立国为佳。二是“禁欲派”，认为工商纵欲，“以为农业的生产，虽然不能满足我们衣食住行各方面的欲望，但是解决这个问题的方法，不在加增生产，而在节制欲望”。三是“因噎废食派”，这一派的人，对于工业化的好处，是有相当认识的；可是他们看到这几年欧美各国种种不景气的现象，便被吓倒了；以为与其把中国工业化之后，要遇到这些难解决的问题，不如还是不走上工业化的路为妙。四是“畏难退缩派”，这一派的人以为工业已经给帝国主义包办，市场已为帝国主义垄断，关税已受帝国主义支配，在这种种的压迫之下，本国的工业，实无发展的余地；不如回转头来，整理农村，过固有的农民生活。对于上述四种原因，吴景超逐一做了批驳，并提出工业化才是唯一的活路，“虽然这条活路上的困难是很多的”④。此外，还有人主张农工调和

① 杨铨．中国能长为农国乎［M］//罗荣渠．从“西化”到现代化：五四以来有关中国的文化趋向和发展道路论争文选（下册）．合肥：黄山书社，2008：771－772.

② 戴英．中国可以不工业化乎［M］//罗荣渠．从“西化”到现代化：五四以来有关中国的文化趋向和发展道路论争文选（下册）．合肥：黄山书社，2008：774－777.

③ 龚张斧．农化蠡测［M］//罗荣渠．从“西化”到现代化：五四以来有关中国的文化趋向和发展道路论争文选（下册）．合肥：黄山书社，2008：797.

④ 吴景超．我们没有歧路［M］//罗荣渠．从“西化”到现代化：五四以来有关中国的文化趋向和发展道路论争文选（下册）．合肥：黄山书社，2008：799－812.

的。例如，陈宰均认为，“吾国农业，自当彻底改革。就农民个人为单位，以增进其产力，业农之人虽减，农产之量犹昔，或且以此而更增多。此势所必至，非人力所可强抑，农化云者，即作如是解。……然而，农民数减，失业人伙救济之方，惟有工化。……是故欲图利用剩余之农产，提高人民之生活，则又非工化不为功。然就他方面言之，工业原料大半仰给于农，农产未振，工业不能充量发达。皮之不存，毛将焉附，此固尽人知之。……若农若工，不啻生产机中之一轮一轴耳，必分配相宜，轻重平衡，而后其经济组织始健全。设若徒囿于局部之发展，未察及全体之均势，则非头重脚轻，亦必尾大不掉”①。然而，主张农业与工业并重的学者毕竟少数。这场论战前后持续了20余年，直至人民政权的建立才一时终结此一论战。这场论战的最终结果，工业化论调渐居主流。

从这些争论来看，当时人们对于“乡村”的认识，大多局限于农业或农业发展这一产业或经济的维度，要么将乡村的衰败简单地归因于农业本身的弱势或者农业发展的问题，要么将农业与工业相对立，把农业发展的问题归咎于工业（化）的阻挠、侵扰或掠夺。无论是主张农业化（乃至农业立国）的还是主张工业化（或者工业立国）的，绝大部分人把农业的发展与乡村的发展相等同；尤其是前者，更简单地认为发展农业（或者农业立国）便能复兴乡村（乃至拯救中国）。

在这场论战之中，只有极少数学者把乡村视为一个社会的概念加以认识，从乡村的社会方面探寻乡村凋敝的原因。其中，尤以乡建派梁漱溟为代表。他自己宣称并不反对工业化，但认为，“我们的目的可以是振兴中国的工业，却要紧的，眼前用力须在农业”。“中国根干在乡村；乡村起来，都市自然繁荣。”“救济乡村，亦即救济都市。”② 对于乡村，他强调

① 陈宰均．工化与农化［M］//罗荣渠．从“西化”到现代化：五四以来有关中国的文化趋向和发展道路论争文选（下册）．合肥：黄山书社，2008：792－793.

② 梁漱溟．往都市去还是到乡村来？——中国工业化问题［M］//罗荣渠．从“西化”到现代化：五四以来有关中国的文化趋向和发展道路论争文选（下册）．合肥：黄山书社，2008：900－902.

“更须知道的，我们要解决的是社会问题”。这一社会问题，具体而言便是“千年相沿袭之社会组织构造既已崩溃，而新者未立，或者说是文化失调”。故此，他提出：“乡村建设运动，实为吾民族社会重建一新组织构造之运动。——［此］乃乡村建设真意义所在。”同时，他还认为，“乡村建设，实非建设乡村，而意在整个中国社会之建设，或可云一种建国运动”。他甚至指出：“政治问题实为总关键。撂开政治问题，而谈建设，求进步（经济建设，国防建设，乃至任何建设），无非瞎撞。……而不知政治问题系于整个社会构造问题，撂开整个社会构造问题去想办法，完全是无根的，不但不能应急，恐怕更耽误事。”“整个社会构造问题是一根本问题，既深且远，仿佛非危迫眉睫的中国所能谈。”①

并且，难能可贵的是，这些乡建学派的代表人物在当时的历史背景下竟能深入乡村亲身践行其学说，开展各种乡村建设的实验，试图重新振兴乡村、复兴中国。其中最具代表性、有影响的，当数山东邹平、河北定县、江苏无锡和昆山四地的乡建运动，尤以1931—1937年梁漱溟主持的邹平实验最具影响。不过，乡村建设运动犹如近一百年来中国现代化大潮之中昙花一现的细碎浪花，很快便消弭于历史的烟尘里，如今在这些地方几无任何历史痕迹。

二

如果说之前还主要停留在论战层面，那么人民政权建立以后便开始大力推进社会主义现代化，工业化成为这一现代化的基调。

近代以来，中国人民不但遭受帝国主义、封建主义和官僚买办资本主

---

① 梁漱溟．乡村建设理论，原载《乡村建设》第5卷第1、2期（1935年8月16—30日）。转引自罗荣渠．从“西化”到现代化：五四以来有关中国的文化趋向和发展道路论争文选（下册）［M］．合肥：黄山书社，2008：941，956，954，959.

义的盘剥，而且还经受着长期的战争摧残，国民经济既已凋败。而且，国民党政权退守台湾之前，又将国库洗劫一空。留给新生人民政权的，只是一个国民经济破产、城市工业破败的“烂摊子”。在当时帝国主义的经济封锁之下，经过社会主义改造以后，我国确立了工业化发展道路，依靠自力更生重建国民经济体系。

在这种特定的历史条件下，发展工业只能从农村汲取资源。据牛若峰所言，1952—1989 年，国家通过工农产品价格“剪刀差”① 和税收，共从农村汲取资金 7 000 多亿元（扣除国家支农资金），约占农业新创造价值的 1/5，超过当时国有工业固定资产原值。虽然学界认为到了 20 世纪 90 年代初，国家工业化资本原始积累已告结束，并已进入中期发展阶段，但是国家从农村汲取发展资金的政策并未改变。1990—1998 年，国家通过财政渠道、工农业产品价格“剪刀差”和金融渠道，又从农村汲取资金 1.9 万亿元。另有人估计，从 1950 年到 1996 年，我国农民为国家工业化和城市发展提供资金累计（农村资金净流出）超过 2 万亿元，大约相当于我国社会资本存量的 2/3。② 严瑞珍等也指出：“从 1953 年到 1985 年全国预算内的固定资产投资共 7 678 亿元，平均每年 240 亿元左右，大体相当于每年的剪刀差绝对额。可以说，30 多年来国家工业化的投资主要是通过剪刀差取得的，是剪刀差奠定了中国工业现代化的初步基础。”③ 而根据国务院农业发展研究中心 1986 年的推算和温铁军引用的数据，“1953—1978 年计划经济时期的 25 年间，工农业产品价格剪刀差总额估计在 6000 亿 ~ 8000 亿元。而到改革开放前的 1978 年，国家工业固定资产总计不过 9000 多亿元。

---

① 黄达认为，1950 年工农产品比价与抗日战争前的 1930—1936 年相比，扩大了 34.4%，农民在交换中吃亏较多。叶善蓬则指出，直到 1957 年剪刀差才基本缩小到抗战前的水平。武力. 1949—1978 年中国“剪刀差”差额辨正［J］. 中国经济史研究，2001（4）.

② 牛若峰. 中国的“三农”问题：回顾与反思［J］. 古今农业，2003（3）.

③ 严瑞珍，龚道广，等. 中国工农业产品价格剪刀差的现状、发展趋势及对策［J］. 经济研究，1990（2）.

因此可以认为，中国的国家工业化的资本原始积累主要来源于农业”①。尽管不同学者的计算方法不尽相同，计算的具体数据也有所出入，但结论几乎是一致的，中国工业化的原始积累来自农业。换言之，“这一时期乡村价值和乡村建设被定义为：农业为工业化和现代化提供积累，乡村为城镇发展提供服务，并逐步形成了工业主导农业、城市主导乡村的工农城乡关系和工农城乡不平等的利益交换格局”②。这在特定的历史时期，确有其一定的现实合理性。

但是，这一特定的工业化发展方式却形成了路径依赖，被锁定在相应的制度安排和社会结构之中。通过农村税费改革，国家最终在2006年废止了农业税的征收，但是工农业产品剪刀差问题至今仍然存在。除此以外，“改革开放以来，出现了国家汲取农村资金的新形式。最近20年间，国家在征用农民集体所有土地1亿亩的运作中，利用垄断一级土地市场，通过土地价格‘剪刀差’（市场价格－征地补偿费），从农民手里拿走土地资产收益2万多亿元。许多地方官商勾结，非法占用农民的承包地，在新近城市化土地中约70%是地方政府从农民手里夺取的。过去10年中，大约2 000万农民在现代化进程中失去了土地”③。其实，还有其他形式的工农“剪刀差”存在，譬如，全国2.7亿农民工，并未脱离农业户口，他们的收入水平实际上也与城市工人之间存在一个类似的“剪刀差”，并未享受到同等的工资福利待遇。诚如牛若峰所论，“中国的‘三农’问题是国家工业化进程中城乡经济社会变革不同步造成的结构偏差问题，现已构成当今中国改革与发展中的最大难题”④。总之，国家从农村汲取资金，取之过度，持续时间过长，以及由此形成的工业和农业、城市和乡村之间的严重不均衡发展，只会导致乡村进一步衰败。

---

① 温铁军．中国农村基本经济制度研究［M］．北京：中国经济出版社，2000：177.
② 张军．乡村价值定位与乡村振兴［J］．中国农村经济，2018（1）.
③ 牛若峰．中国的“三农”问题：回顾与反思［J］．古今农业，2003（3）.
④ 牛若峰．中国的“三农”问题：回顾与反思［J］．古今农业，2003（3）.

锁定这一工业化道路的制度安排和社会结构，便是中华人民共和国成立以后逐步建立起来的城乡二元分割体制，该体制由城乡分立的户籍和人口管理制度、社会福利制度和社会管理体制等耦合而成。其中，在农村实行的人民公社体制尤具代表性。农村土地改革以后，4 亿农民成为土地所有者和经营者，纳税的主体由原来农村人口的10%一下子变成了90%，其征税的成本大幅提升。为了解决这一问题，中华人民共和国成立后不久，国家不得不在农村地区推行农业合作化、集体化以致公社化，使土地由农民私有转变为集体所有，纳税主体也随之由 4 亿农民变为 400 万个合作社和随后的 7 万个人民公社①。这样一来，不但可以大大减少征税的成本，而且可以更加方便地从农村汲取资源。众所周知，人民公社"是政社合一的组织，是我国社会主义社会在农村中的基层单位，又是我国社会主义政权在农村中的基层单位"②，实行"三级所有、队为基础"的管理体制。人民公社时期，人民公社组织"取代了一切的行政和非行政组织。除此以外，不再有任何民间的生产、生活、娱乐组织，农村社会几乎就是一个军事化的社会"③，究其实质，乃是组成一个"政治吸纳社会"或政治社会一体化的体系。除了直接满足政治整合的需要以外，同时还可以从乡村社会隐蔽性汲取资源，以服务于国家工业化和现代化建设的需要。"人民公社 20 多年时间，通过政社合一、党政合一、三级所有、队为基础的组织结构，为国家提供了进行现代化建设所需要的人财物资源，并最终将中国由一个基本上的农业国（新中国成立之初农业产值占国民生产总值约 80%），建成了一个工业国（人民公社解体时农业产值占国民生产总值约 20%）。应该说，在无法从国外获取资源的前提下，人民公社制度为完成中国工业

① 温铁军，朱守银. 中国农村税费改革试验研究［M］//迟福林. 中国农民的期盼：长期而有保障的土地使用权. 北京：外文出版社，1999.

② 见《农村人民公社工作条例修正草案》（1962 年 9 月 27 日经中共八届 10 次全会通过）。

③ 李守经，邱馨. 中国农村基层社会组织体系研究［M］. 北京：中国农业出版社，1994：72.

化的原始积累，立下汗马功劳。”①

随着农村土地“大包干”的普遍推行以及人民公社制度的最终破产，农民负担问题与农民逐渐产生了直接的利益关联。一开始，农民尚沉浸在土地家庭承包经营的喜悦之中，而且，农民的实际收入相对于过去确有极大的提高，农民对负担问题尚未来得及感同身受。1978 年，我国粮食总产量 3047.5 亿公斤，1984 年达到 4073 亿公斤，增长了 33.7%；人均粮食占有量从 1978 年的 316.5 公斤，增加到 1984 年的 390.5 公斤，增长了 23.4%。农民人均纯收入从 1978 年的 134 元增加到 1984 年的 355 元，扣除价格因素后实际增长了 1.5 倍，年均增长 16.2%。1978 年，我国农村贫困人口（标准为每人每年 100 元）为 2.5 亿人，贫困发生率为 30.7%；到 1985 年农村贫困人口下降为 1.25 亿人（标准为每人每年 206 元），贫困发生率降为 14.8%②。然而，到了 20 世纪 80 年代中后期，农业发展进入徘徊期，农业增产不增收，农民负担问题才日益突出。值得一提的是，到了 20 世纪 80 年代中期，我国农村乡镇企业“异军突起”，它在一定程度上缓解了农民负担问题。据有关研究，1984—1988 年，乡镇企业每年转移了 1300 万～1400 万农村劳动力。1988 年乡镇企业总产值在农村社会总产值中占的比重上升到 58.1%。1985—1991 年的 7 年间，全国乡镇企业支付的工资总计达 3500 多亿元。“七五”期间，全国农民人均纯收入增加 232 元，其中 35% 来自乡镇企业。1991 年全国乡镇企业已从农民中吸收了 9600 多万剩余劳动力。“七五”期间，乡镇企业用于以工补农、以工建农、兴办农村各项公益事业的资金约 550 亿元，高于同期国家用于农业的基本建设投资，成为这一时期我国农村社会经济发展的重要资金来源③。可是好景不长，进入 20 世纪 90 年代中后期，乡镇企业普遍开始不景气，农民

---

① 贺雪峰，苏明华. 乡村关系研究的视角与进路［J］. 社会科学研究，2006（1）.

② 陈锡文. 从农村改革四十年看乡村振兴战略的提出［J］. 行政管理改革，2018（4）.

③ 中国乡镇发展报告课题组. 中国乡镇发展报告［N］. 农民日报，2004－11－23.

负担再次凸显出来，农民因此怨声载道，对农村基层政府的合法性认同开始动摇。农民抗税抗粮、集体上访和群体性事件不断发生，一时成为中国农村的普遍现象和主要问题①。于是，从2000年开始，国家在农村地区进行税费改革。

这一历史过程，反映在城乡居民收入的波动上。改革开放以来，我国城乡居民收入差距经历了逐步缩小又重新拉大的过程：以农民收入为例，1978年城乡居民收入比例为2.56∶1，以后连续6年下降，1984年降到最低点为1.7∶1，然后重新上升，1994年出现又一新高，为2.86∶1，经过数年下降又重新上升，2001年为3∶1，超过改革初年的水平。如果考虑到农民纯收入中有30%～40%需用于生产性投入和城市居民享有的多种福利因素，则目前城乡居民可比较的真实比例应当是4.5～5∶1②。总之，在国家工业化进程中，国家对农村、农业、农民和城市、工业、市民实行不同的经济社会发展政策，使资金、资源、技术、知识的配置持续地向城市、工业、市民倾斜③。并且，中国的改革并没有因为工业化中期阶段的到来而做出政策安排上的适应性变化和战略性调整，相反，仍然保持和放大了工业化原始积累时期特定条件下的政策扭曲，持续地向工业和城市倾斜④。

尽管肇始于普遍推行的家庭联产承包责任制的农村改革，逐步拓展和深化，但是维持城乡二元分割的土地、户籍、治理等诸制度安排（虽有松动或变化）并未得到彻底变革。随着城乡人口的自由流动，不但各种资源要素被城市工业所吸纳，而且越来越多的农村青壮年劳动力、乡村精英被城市所吸引，产生所谓的城市“虹吸效应”，加剧了农村“空心化”和衰败。就像马克思所指出的那样，“城市本身表明了人口、生产工具、资本、享乐和需求的集中，而在乡村所看到的却是完全相反的情

① 陈文胜．中央一号文件的三农政策变迁与未来趋向［J］．农村经济，2017（8）．
② 牛若峰．中国的“三农”问题：回顾与反思［J］．古今农业，2003（3）．
③ 牛若峰．中国的“三农”问题：回顾与反思［J］．古今农业，2003（3）．
④ 李成贵．国家、利益集团与“三农”困境［J］．经济社会体制比较，2004（5）．

况：孤立和分散”①。长期实行城乡二元分割体制，必然导致城乡差别不但不能缩小，反而日趋扩大。

三

如果说，在中华人民共和国成立初期阶段乃至改革开放之后十年间，在特定的历史条件下，大力进行工业化建设，无可厚非，有其历史合理性。那么，随着工业和城市的快速发展，达到现代化中期水平以后，就必须适时对工业化和城市化的发展政策进行调整，以避免工农、城乡之间的差距越拉越大。进入 20 世纪 90 年代以后，原有的工业化、城市化政策不但没有适时进行调整，反而有加强之势。在这种情况下，湖北监利县棋盘乡党委书记李昌平按捺不住在 2000 年春节之时上书总理，反映“农民真苦，农村真穷，农业真危险”，得到了中央领导的高度重视。

从 2000 年开始，中央开始在安徽等地进行农村税费制度改革。这项改革前后持续了六七年。在农村税费改革的同时，中国共产党认真总结中华人民共和国成立以来特别是改革开放 20 多年的城乡发展经验和教训。

在 2002 年 11 月召开的党的十六大上，首次提出“统筹城乡经济社会发展”。到 2020 年全面建成小康社会，“工农差别、城乡差别和地区差别扩大的趋势逐步扭转”。党的十六大首次跳出以往就农业论农业、就农村论农村的发展思路，把农村的发展放到城乡关系、全域发展之中进行全新思考。

2005 年 10 月，党的十六届五中全会明确提出“建设社会主义新农村”。这次会议形成的《中共中央关于制定国民经济和社会发展第十一个五年规划的建议》提出：“建设社会主义新农村是我国现代化进程中的重

① 〔德〕马克思，恩格斯．马克思恩格斯全集（第 2 卷）［M］．北京：人民出版社，1957：408.

大历史任务。要按照生产发展、生活宽裕、乡风文明、村容整洁、管理民主的要求，坚持从各地实际出发，尊重农民意愿，扎实稳步推进新农村建设。”并再次强调，“积极推进城乡统筹发展”。

2007 年 10 月，党的十七大又提出，“建立以工促农、以城带乡长效机制，形成城乡经济社会发展一体化新格局”。党的十七届三中全会通过的《中共中央关于推进农村改革发展若干重大问题的决定》进一步提出，建立城乡经济社会发展一体化体制机制，形成城乡经济社会发展一体化新格局，并做出一系列部署。由此可见，中国共产党对于城乡统筹发展的认识及其政策调整经过了不断深入和推进的发展过程。

2017 年 10 月，习近平总书记在党的十九大报告中，基于我国社会主要矛盾已经转化为人民日益增长的美好生活需要和不平衡不充分的发展之间的矛盾的科学判断，适时提出了乡村振兴战略。并且在这个战略中，首次提出“建立健全城乡融合发展体制机制”。不仅为今后农村工作指明了方向，而且重新定义了城乡关系——从“统筹”转向“融合”，这是中国共产党对新时代城乡关系在思想认识和政策取向上的进一步升华。

乡村振兴战略，既是对中国共产党“三农”工作一系列方针政策的继承和发展，又是对以前乡村发展、城乡关系政策的超越。中国共产党历来重视“三农”工作，始终认为“三农”问题是关系国计民生的根本性问题。没有农业农村的现代化，就没有国家的现代化。党的十八大以来，以习近平同志为核心的党中央坚持把解决好“三农”问题作为全党工作的重中之重，贯彻新发展理念，勇于推动“三农”工作理论创新、实践创新、制度创新。在此基础上，提出了乡村振兴战略，站在国家战略高度对“三农”工作进行了全新论述，认为农业强不强、农村美不美、农民富不富，决定着亿万农民的获得感和幸福感，决定着我国全面小康社会的成色和社会主义现代化的质量；如期实现第一个百年奋斗目标并向第二个百年奋斗目标迈进，最艰巨最繁重的任务在农村，最广泛最深厚的基础在农村，最大的潜力和后劲也在农村。这一系列论述，为新时代中国乡村振兴描绘了一幅美好的蓝图。

尽管如此，如果仔细地辨别亦不难发现，即便是长期研究“三农”的学者对于乡村振兴战略的理解也有较大分野。其中，大多数人认为乡村振兴战略最终是服务于城市化发展的。城市化是国家实现现代化的必由之路和强大动力，提出振兴乡村绝不是不要城市化，而是认为乡村的某些功能可以弥补城市化的不足（或者消解城市的弊端）。他们的判断是，中国的城市化将是一个较长的历史发展过程，乡村不可能一下子被消灭。我国的特殊性在于人口总规模巨大，即使乡村人口的比重降到30%以下，但其总量仍将达到几亿人。有着几亿人生活的地方怎么能不把它建设好？如果城乡差距过大，怎么能建成惠及全体人民的全面小康社会和现代化国家？持这种立场的人，或可称为城市化趋向的乡村振兴派。

只有少数人认为乡村振兴战略是跟城市化相对的一种发展战略（二者构成国家发展战略之“两翼”，应该比翼齐飞），其根本用意及着力点在于“乡村”本身。这一战略鲜明地体现着一种乡村主位的发展理念，它站在乡村大地上思考中国乡村发展的方向和路径，而不是片面地主张将乡村融入并最终消弭于城镇化之中。乡村作为一种典型的人类社会生活形态，在相当长的一个历史时期内不会被城市所取代，亦无须被城市所取代，乡村和城市都是值得人类珍视的重要生活环境，都有自己独特的社会价值。城市有城市的特点和优势，乡村有乡村的特点和优势，两者应该并存且共生共荣（而不是扩张城市减少农村、减少农民）。他们认为，在城乡各自充分发展的基础之上，最终把城乡社会的特色优势结合起来，推进城乡的融合发展。持这种立场的人，或可称为乡村主位的乡村振兴派。如果不能站在乡村主位的立场，就不会提出“农业农村优先发展”的政策思路，更不可能给中国城乡关系定位在“融合发展”上。

当然，坚持乡村主位的战略立场，不是简单地主张乡村主义，对乡村生活抱有田园牧歌式的想象。实际上，这种想象只能是生活在乡村之外的他者的浪漫而不切实际的想法而已，因为他们不可能深切体会生活在乡村人民的辛劳与苦痛。秉持乡村主位的战略立场，就是因为真正地体会到乡村人民的辛劳与苦痛，期望通过发展乡村、振兴乡村（而不是消灭乡村）来改善他们的生活品质，让乡村人民无须离土离乡也可以过上有尊严的美好生活①。

之前，不少人热衷于城市化，对城市主义抱有“图腾式崇拜”，认为城市化是中国乡村发展唯一出路，舍此别无他途；天真地以为一路高歌猛进的城市化，必将迎来现代化光明前景。认为“三农”问题要靠城市化来解决，只要让农民都进了城，“三农”问题自然就解决了②。然而，现实却给出了冷峻且相反的答案。从这个意义上而言，提出乡村振兴战略，实际上是对前一个时期片面强调城市化的适度纠偏和政策调适，重新回归乡村主位的战略立场。

四

纵观近一百年的中国现代化历程，乡村不断衰败凋敝。乡村何去何从，成为现代化进程中一道需要解决的难题。乡村衰败莫非是现代化的症候，或是现代化的前奏？抑或乡村必然要在现代化进程之中经历一场苦痛的蜕变和重生？

建设什么样的乡村、怎么建设乡村，是近代以来中华民族面对的一个历史性课题。这一课题，在20世纪二三十年代便掀起了一场论战。在这场论战中，绝大多数人将中国的乡村问题简化为农业问题，要么主张农业化，要么主张工业化，要么主张工农并举。1949年以后，中国在特定的历史条件下选择了工业化道路。在工业化初期乃至中期阶段，以农业支持工

---

① 吴理财，吴侗．乡村振兴社会建设应先行［J］．江汉论坛，2018（4）．
② 陈锡文．从农村改革四十年看乡村振兴战略的提出［J］．行政管理改革，2018（4）．

业发展，导致工农、城乡之间发展的严重失衡，乡村沦为工业和城市的附庸。总之，近百年来的现代化基调是工业化，工业剥夺农业，城市剥夺乡村，不仅成为一种常态，而且固化为一种社会体制。乡村振兴战略，是中国共产党对近百年现代化经验、教训进行认真总结和反思后，所提出的具有深远战略意义的国家发展之策，它是对前一个时期将现代化简化为工业化，并片面强调城市化战略的适度纠偏和政策调适。城乡互融、农工互促，理应成为未来中国现代化的主基调。

如果说，在1949年之前，关于中国经济发展走何样道路的争论，尚有不少知名学者站在乡村的立场主张“农业化”，1949年以后，能够站在乡村立场提出自己主张的学者尚且少见，能够鲜明地从积极意义上提出“农业化”乃至“乡村化”主张的学者几乎没有。直到20世纪90年代以后，才有研究“三农”的学者开始站在乡村立场上思考中国发展问题，但是他们基本上是从（诸如减轻农民负担、破解乡村“空心化”困局等）消极意义上提出自己的观点的。这一状况，到了2017年10月，习近平总书记在“十九大”报告中明确提出“乡村振兴战略”以后，才有越来越多的学者开始从正面或积极的意义论述乡村（包括农业）的价值。

不过，从现有的论述来看，大多数人还主要是从产业、经济或者技术层面来论证乡村的价值的①，极少人从社会（包括文化）的视域来审视乡村的积极价值——乡村是人类一种不可替代的、值得珍视的且可欲的生活方式，它不但需要得到保护和传承，而且需要得到不断发展。因此，从这个意义上而言，把乡村振兴战略放在着眼于实现中华民族“两个一百年”奋斗目标、顺应亿万乡村人民对美好生活的向往的高度，来认识和把握其深远意义，确不为过。

---

① 譬如，乡村的功能或价值是“保障粮食安全”“社会稳定的‘蓄水池’”，具有“生态涵养功能”“休闲观光功能”，等等。这些论述，其实是城市指向的，不是乡村主位的。

乡村振兴社会建设应先行①

一

习近平总书记在党的十九大报告中，基于我国社会主要矛盾已经转化为人民日益增长的美好生活需要和不平衡不充分的发展之间的矛盾的科学判断，适时提出乡村振兴战略，为今后农村发展指明了方向。实施乡村振兴战略，成为今后一个时期做好“三农”工作的重要遵循。

乡村振兴战略，是对党“三农”工作一系列方针政策的继承和发展，又是对以前农村发展政策的超越。中国共产党历来重视“三农”工作，始终认为“三农”问题是关系国计民生的根本性问题。没有农业农村的现代化，就没有国家的现代化。党的十八大以来，以习近平同志为核心的党中央坚持把解决好“三农”问题作为全党工作的重中之重，贯彻新发展理念，勇于推动“三农”工作理论创新、实践创新、制度创新。在此基础上，党中央提出了乡村振兴战略，站在国家战略高度对“三农”工作进行了全新论述，认为农业强不强、农村美不美、农民富不富，决定着亿万

① 本文作者：吴理财、吴侗。

农民的获得感和幸福感，决定着我国全面小康社会的成色和社会主义现代化的质量；如期实现第一个百年奋斗目标并向第二个百年奋斗目标迈进，最艰巨最繁重的任务在农村，最广泛最深厚的基础在农村，最大的潜力和后劲也在农村。① 这一系列论述，为新时代乡村振兴描绘了一幅美好的蓝图。

乡村振兴战略，又是对以前农村发展政策的扬弃和超越，把“三农”政策上升为国家战略。而且这一战略是一种乡村主位的发展战略，它站在乡村大地上思考中国农村发展的方向和路径，而不是片面地主张将乡村融入并最终消弭于城镇化之中。只有站在乡村主位的立场，才会提出“农业农村优先发展”的政策思路，给中国城乡关系合理地定位在“融合发展”上。城乡融合发展的前提，是城乡各自都要充分地发展起来，走一条中国特色社会主义城镇化、乡村化道路。城市有城市的特点，乡村有乡村的特点，两者并存共荣共生，而不是扩张城市减少农村减少农民②。应最终把城乡社会的特色优势结合起来，推进城乡的融合发展。

之前，不少人热衷于城镇化，对城市主义抱有“图腾式崇拜”，认为城镇化是中国农村发展唯一出路，舍此别无他途。在这一背景下，提出乡村振兴战略，实际上是对前一个时期片面强调城镇化的适度纠偏和政策调适，重新回归乡村主位的战略立场。

所谓乡村主位的战略立场，就是立足中国乡村社会实际，即作为一种典型的人类社会生活形态，乡村在相当长的一个历史时期内不会被城市所

---

① 中央农村工作会议在北京举行　习近平作重要讲话［EB/OL］. 人民网，2017 - 12 - 29.

② 陈文胜. 乡村振兴战略推动城乡关系进入新时代［N］. 湖南日报，2017 - 11 - 09 (08).

取代①，亦无须被城市所取代，乡村和城市都是值得人类珍视的重要生活环境，都有自己独特的社会价值——每一种文明都有着对于天地、人文和人心的特定理解②。保留一种我们可以选择的可欲的生活方式，难道不好吗？回归乡村主位的战略立场，不是简单地主张乡村主义，对乡村生活抱有田园牧歌式想象。实际上，这种想象只能是生活在乡村之外的他者的浪漫而不切实际的想法而已，因为他们不可能深切体味生活在乡村的人民的辛劳与苦痛。回归乡村主位的战略立场，就是因为真正地体味到乡村人民的辛劳与苦痛，希望通过发展乡村、振兴乡村（而不是消灭乡村）来改善他们的生活品质，让乡村人民无须离土离乡也可以过上有尊严的美好生活。

关于乡村振兴的意义无须多论，关键是如何贯彻好、落实好乡村振兴战略。这一战略是否能够“落地”“生根发芽”并“结出硕果”，关键在于乡村社会自身有没有与之相对接的社会基础。当今乡村社会正处在有史以来极为罕见的个体化转型之中，如果不重视和切实解决这一乡村社会的基本问题，乡村振兴这个美好的大厦就会因为失去牢靠的乡村社会基础而成为空中楼阁。乡村振兴战略的有效实施，不仅需要国家的制度、政策和资源的供给，更需要乡村社会自身的主动承接和积极配合。

---

① 对此，陈锡文主要从农村人口的角度进行了论述。他认为：中国是一个人口大国，是世界上人口第一大国。2016 年总人口 13.8 亿，常住人口的城镇化率已经达到 57.35%，这些被统计为城镇常住人口的 7.9 亿多人中，当然还包括 2.2 亿户口在农村，但在城镇工作生活超过半年的人口。如按这个口径统计，2016 年年底常住农村的人口还有接近 5.9 亿，这是中国的一个基本国情，就是人口众多，而且其中农业人口的比重比较高。普遍认为 2030 年前后，中国的总人口将达到 15 亿人，城镇化率将达到 70%。这就意味着农村还有 30% 的总人口，即 4.5 亿人。如果到 2050 年城镇化率达到 80%，农村还有 3 亿人。数以亿计的人在农村生产生活，怎能不把其建设好？一定要让农业、农村更好地发展，这样才能促进整个中国的现代化稳步地、有根基地向前推进。陈锡文. 实施乡村振兴战略，推进农业农村现代化 [EB/OL]. 清华大学中国农村研究院网站，2017-12-26.

② 熊万盛. 在文明的深处思考乡村振兴 [EB/OL]. 澎湃网，2019-11-06.

二

然而，当今中国乡村正在经历着一场急剧的社会变革，个体化是这场变革中一项最深刻的内容。一个个农民从高度集中的、整齐划一的、无所不包的总体性社会中脱嵌出来，并且越来越多的个人从家庭、家族、村落、集体和阶级等结构中“解脱”出来，由集体的“社员”变成高度离散的自由“村民”。

个体化不是中国社会独有的变革，而是现代化的一个后果。与西欧发达国家经历一个长期自然的现代化历史演进过程不同的是，后发型现代化的中国将前现代化、现代化乃至后现代化三个进程杂糅、压缩到一起，各种碰撞、各种矛盾以非常密集的方式即刻产生于压缩时空之中，三种迥然不同的历史与社会要素的共存与冲突，促成高度复杂的急剧社会转型①。中国乡村个体化正是在这一压缩现代性（compressed modernity）② 之中展开的。

研究个体化的代表人物德国社会学家贝克（Ulrich Beck）认为：“现代化不仅仅导致中央化的国家力量、资本的集中、更紧密的劳动分工和市场关系网络，以及流动性和大众消费的发展。它同样导致一种三重的‘个体化’：脱离，即从历史规定的、在统治和支持的传统语境意义上的社会形式与义务中脱离（解放的维度）；与实践知识、信仰和指导规则相关的传统安全感的丧失（祛魅的维度）；以及重新植入——在这里它的意义完全走向相反的东西，亦即一种新形式的社会义务（控制或重新整合的

① 张良. 乡村社会的个体化与公共性建构［M］. 北京：中国社会科学出版社，2017：40.

② CHANG K S. The Second Modern Condition? Compressed Modernity as Internalized Reflexive Cosmopolitanism［J］. The British Journal of Sociology，2010，61（3）：444－464.

维度)。"① 在中国乡村现代化进程之中，也出现了个体化变革，"去传统化、脱嵌、通过书写自己的人生来创造属于自己的生活，以及无法抗拒的更加独立和个人主义的压力，所有这些西欧个体化特征也同样发生在中国的个体身上"②。

但是，中国乡村个体化目前仍然看不到贝克所言的第三重个体化("重新植入"社会)的一丝曙光。到现今为止，它主要经历了两波个体化：第一波是改革开放初期，人们从无所不包的计划经济体制和高度集中的全能主义国家中脱嵌出来；第二波大致是从20世纪90年代中期开始的，主要发生在人与人之间的社会关系领域，越来越多的人从地方性共同体、家族、家庭乃至亲密关系中解脱出来，跨越了城乡分割与区域界限，自由地流动起来③。

一开始，这些个体化的农民为自身的"解放"而欢欣鼓舞，因为他们从高度集中的全能主义国家中脱嵌出来、从总体性社会体制藩篱中脱身出来，跨越城乡二元结构的制度鸿沟而自由流动，成为一个个自由之身。随后，他们才发现，伴随着这种自由的还有不可预知的风险，需要自由之身独立去面对或承受。相对于过去，这些个体农民无疑地拥有了更多的自由或自主性，但吊诡的是，这些自由、自主性又具有一定的自反性，也就是说，这些自由、自主性同时对自身产生对抗、冲突或消解作用——现代社会结构迫使人们成为积极、自主的个体，但同时又必须对所面临的问题承担全部责任，发展出一个自反性的自我④。在身处个体化变革中的中国农民中，越来越多的人成为"为自己而活"和"靠自己而活"的原子化

---

① [德] 乌尔里希·贝克. 风险社会 [M]. 何博闻，译. 南京：译林出版社，2004：156.

② 阎云翔. 中国社会的个体化 [M]. 陆洋，等译. 上海：上海译文出版社，2012：342.

③ 吴理财. 论个体化乡村社会的公共性建设 [J]. 探索与争鸣，2014 (1).

④ 阎云翔. 导论：自相矛盾的个体形象，纷争不已的个体化进程 [M] //贺美德，鲁纳. "自我"中国：现代中国社会中个体的崛起. 许烨芳，等译. 上海：上海译文出版社，2011：4.

个体。

“为自己而活”，主张的是个体的权利和利益，同时，他也因此而逐渐失去“集体性”，对村社公共事务不再热心、关心，公共参与日渐衰减，以致公共事务陷入了“越是集体的越少有人关注”的自利经济学陷阱之中。在许多乡村，这些日益崛起的个体，其中不乏阎云翔所说的“无公德的个人”①，他们“已显示出强调权利而忽视义务和他人个体权利的趋势”，自我主义盛行于无公德的个人间的交往中②。对于他们而言，个体或家庭的利益远远超过了公共利益。

伴随着个体化而来的，必然是乡村“公共人”的急剧衰落。“在这样一个社会中，每个人都变得极其自恋，所有的人际关系中无不渗透着自恋的因素。”③ 过去的乡村，把一切都视为社会的；如今的乡村，把一切都视作自我的。乡村“公共人”的衰落，又会导致乡村社会共同体解体和公共精神消解。这样的乡村人民“便是由一些同名数相加形成的，好像一袋马铃薯是由袋中的一个个马铃薯所集成的那样”④，不能有效联结起来，原本紧密的乡村社会俨然一堆散沙。公共精神是一个共同体或社会的灵魂。一个社会的公共精神越发达、越充分，这个社会的环境和氛围就越好，每个社会成员所享有的社会资源和公共福利就越多。然而，令人遗憾的是，在当下乡村社会里，各种旧的伦理道德、集体意识正在不断流失，而新的公共精神却没有及时建立起来。没有公共精神支撑的个体化乡村，其公共事业的建设和发展不再依靠乡村合作，而只能依赖政府主导和市场运作。

---

① 阎云翔. 私人生活的变革：一个中国村庄里的爱情、家庭与亲密关系（1949—1999）[M]. 龚小夏，译. 上海：上海书店出版社，2006：261.

② 阎云翔. 导论：自相矛盾的个体形象，纷争不已的个体化进程［M］//贺美德，鲁纳. “自我”中国：现代中国社会中个体的崛起. 许烨芳，等译. 上海：上海译文出版社，2011：2.

③ 〔美〕理查德·桑内特. 公共人的衰落［M］. 李继宏，译. 上海：上海译文出版社，2008：9.

④ 〔德〕马克思，恩格斯. 马克思恩格斯选集（第1卷）［M］. 北京：人民出版社，1995：677.

很显然，缺乏乡村合作和自我生产，单靠行政和市场机制去供给公共物品，无论是其生产成本还是运行成本都将成倍地增加。虽然近些年国家逐年加大对农村公共事业的投资，仅中央财政用于“三农”的支出，2012年就达12387.64亿元，是2007年4318.3亿元的2.87倍①（见图1）。2013年到2017年，全国一般公共预算农林水事物支出预计达到82839亿元②。然而，跟逐年增加的投入极不相称的是，农村公共事业并未同步得到显著改善。譬如，原本可以由乡村人民合作修建的村庄道路，一旦改由国家投资兴建，不但修路的企业要从中牟利，当地受益的农民首先考虑的也是会占用多少土地，而不是这项公共事业给自己带来的长远福利。

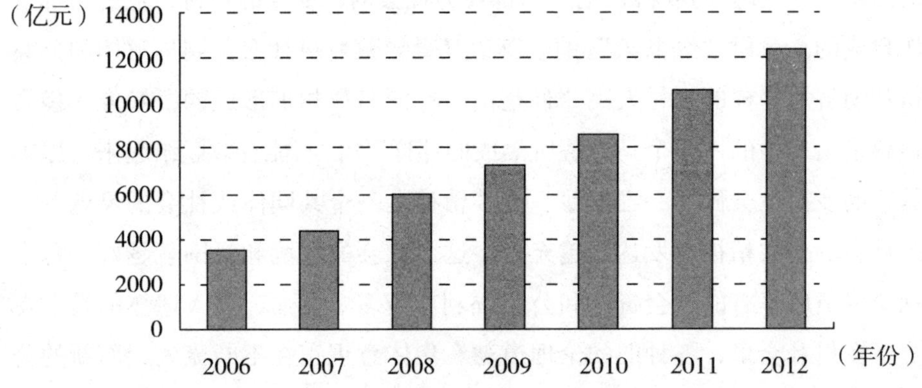

图1　2006—2012年中央财政用于“三农”的支出③

这些“为自己而活”的个体，往往也只能“靠自己而活”。一方面是社会制度所致，另一方面是个体化的社会结果。相对城市而言，我国农村社会基本福利制度或社会保障制度还不够完善，而且长期处于低度供给状态。与此同时，乡村社会本身不但没有有效组织起来，而且丧失了自我生

① 财政支持“三农”情况［EB/OL］. 中华人民共和国财政部网站，2014－05－07.

② 国新办就十八大以来农业农村工作进展有关情况举行发布会［EB/OL］. 中国政府网，2017－09－29.

③ 数据来源：财政部网站。

产和自我供给公共物品的能力。从这个意义上来讲，无所依靠的个体，唯一能依靠的是自己①。

于是，这些被市场浪潮所裹挟、被社会风险所包围的“靠自己而活”的个体农民，不得不独自面对不可控的市场变化和难以预测的社会风险、权益侵害。从这个方面来看，这些个体农民又是无依无靠的可怜人。

这样的乡村社会是不可能承接乡村振兴战略的，这样的乡村社会又是乡村振兴战略实施时不得不面对的。

三

当前，关于乡村振兴，有的主张乡村振兴基础建设先行，有的主张产业发展先行，有的主张体制创新先行，有的主张文化建设先行，各种观点纷纭复杂。问题是，如果社会建设不先行，在如此个体化社会之上，又将如何推进基础建设、产业发展、体制创新抑或文化建设呢?

如前文所论，乡村自身缺乏必要的社会合作和自我生产，单靠政府的投资和市场运作，乡村基础建设成本必将成倍增长。早在十余年前，党的十六届五中全会就提出了社会主义新农村建设命题，随后国家逐年加大对农村基础设施的建设力度，但最终效果不太满意。同样地，如果不首先注重乡村社会自身的建设，一味地强调农村产业发展和结构调整，最终只会加剧乡村不同群体之间的分化，激化经营大户与小农户、农村富人与贫者之间的矛盾和对立，因为这种产业发展政策的实施后果，是让一小部分人得利，而让普通的农民要么依附于这一小撮人［美其名曰“（经营）大户+农户”“企业（农场）+农户”模式］，要么被这一小撮人疏离、排斥，使得一大部分贫弱农民更加边缘化。尽管最近几年，农民人均收入的

① 吴理财. 论个体化乡村社会的公共性建设［J］. 探索与争鸣，2014（1）.

绝对值不断增长，从2001年的2366元到2016年的12363元，逐年都在增加，但是其实际增长幅度却不断波动，尤其是2011年至2016年，其年增长率由11.4%逐年递减，2016年农民人均收入实际仅增长6.2%，回落到2005年的增长水平（见图2）。

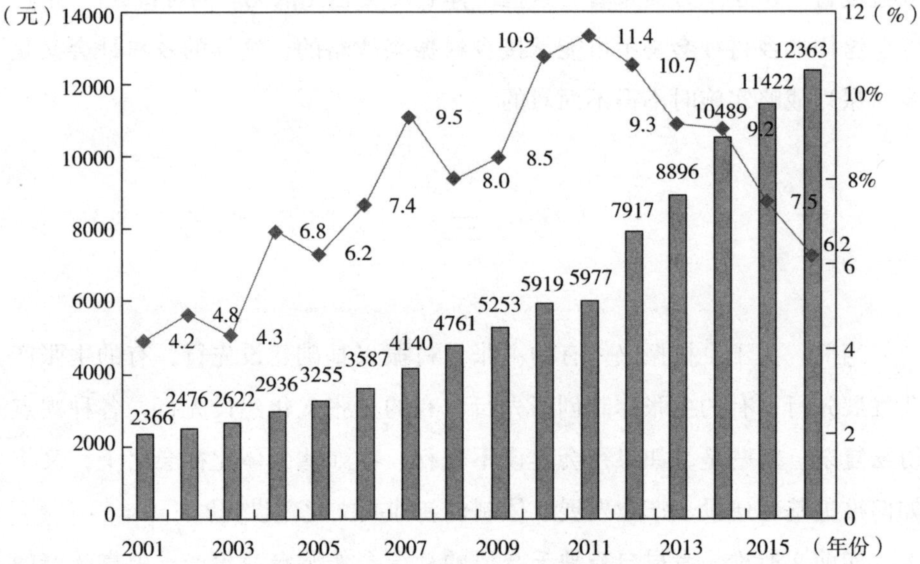

图2　2001—2016年农村居民收入增长情况

全国财政每年“三农”投入达3万亿元，2016年农民实际增收却创新低。① 这一组数据说明，国家财政投入与农民收入之间并非线性相关，加大财政投入并不一定能够相同程度地提高农民的收入。如果，简单地把“三农”的投入向那些规模经营大户重点倾斜，不但不能从整体上改善农民的收入状况，甚至会加剧乡村人口的分化，进一步促进乡村社会个体化。

在个体化的乡村，简单地强调乡村治理体制机制的创新，再完美的制

① 王红茹. 全国财政每年三农投入3万亿，2016年农民实际增收却创新低；专家：农民增收不能仅靠国家财政投入［J］. 中国经济周刊，2017（7）.

度设计也无法实施和运行，因为面对个体化冲击，越来越多的村民不去关心乡村公共事务。尤其是农村税费改革之后，除了土地在名义上仍然属于集体以外，农民跟村集体几乎没有任何其他的实质性关联。村庄的公共事务乏人问津，甚至无人参与。农民与基层政府的制度性关联更是缺失。如今，基层政府与农民群众之间的联系越来越少、越来越弱。农民除了办结婚证、准生证等必需的证明以外，几乎不与政府相往来，也不跟乡村干部打交道。许多农民甚至不知道本村的支部书记、村委会主任是谁，因为没有利益关联，他们实际上也不关心谁当村干部。不能立基于乡村社会基础的体制机制创新，只会是“空洞化”“形式化”的创新，甚至是为了创新而创新，并无实质性实践意义。

还有一种比较典型的观点，认为乡村是农业文明的载体，承载着中华传统优秀文化，把乡村振兴想象为乡村文化的振兴。认为乡村振兴的核心是乡村文化的振兴。问题是，皮之不存，毛将焉附？没有乡村社会的振兴，遑论乡村文化的振兴。

为此，必须把社会建设作为乡村振兴的首要内容来建设，作为头等大事来抓。乡村振兴，必须社会建设先行。

四

如果说乡村振兴是一座美好大厦，那么社会建设就是支撑它的基础。

乡村社会建设的关键，是把原子化的个体农民重新联结起来，让他们重新嵌入社会。联结农民可以有多种方式，最主要的是组织的方式，它包括体制性组织的再造、非体制性组织的重构。对于体制性组织而言，关键是加强党的农村基层组织的建设，党的基层组织是党在社会基层组织中的战斗堡垒，是党的全部工作和战斗力的基础。然而，目前在部分农村，还存在着基层组织软弱涣散问题。许多村级党组织没有凝聚力、战斗力。一

农民社会生活共同体意识的营造。一定的认同和归属感是共同体的特征，也是其赖以存在的基础①。增强社区认同感和社区共同行动力，使农民能够体面地、有尊严地生活在自己社区里，让农民“望得见山、看得见水、记得住乡愁”，把社区建设成为农民幸福生活的家园。

历史实践已经表明，无论是政治覆盖还是行政吸纳，抑或政府主导，只会消解乡村社会的活力，削弱其行动力，而放任市场经济力量全面渗透乡村社会，则只会加速乡村社会的瓦解②。在大力进行乡村社会建设的同时，必须给乡村社会“赋权增能”，不但要让乡村社会充满活力，还要让乡村社会有行动力，恢复和提升乡村公共物品的合作供给和自我生产能力，培育和改善乡村社会自我治理能力，最终实现政府治理和社会调节、居民自治的良性互动。

需要指出的是，乡村振兴中的“乡村”，不是一个行政概念，也不是一个空间概念，而是一个社会概念。乡村社会振兴才是乡村振兴的基本义项。总之，在乡村振兴战略实施中，必须始终注重“社会”这个主体，凸显“社会建设”这一主题，把“社会主义”贯穿于乡村振兴全过程。没有“社会”主题的乡村发展，必将是“空转化”的发展；没有“社会主义”为内容的乡村振兴，必将是“空心化”的振兴。

---

① 项继权. 中国农村社区及共同体的转型与重建［J］. 华中师范大学学报（人文社会科学版），2009（3）.

② 关于这一点，卡尔·波兰尼（Karl Polanyi）已做了充分论述。〔匈牙利〕卡尔·波兰尼. 巨变：当代政治与经济的起源［M］. 黄树民，译. 北京：社会科学文献出版社，2017.

个体化乡村社会的公共性建设

一、乡村社会个体化

个体化（individualization）是德国社会学家贝克（Ulrich Beck）和英国社会学家鲍曼（Zygmunt Bauman）、吉登斯（Anthony Giddens）等提出的一个概念，主要由阎云翔引入中国乡村社会研究之中。对于贝克、鲍曼和吉登斯而言，个体化首先是指个体从旧有的社会性羁绊中“脱嵌”出来的过程。这些社会性羁绊包括一般意义上的文化传统和那些界定个体身份的社会范畴（如家庭、亲属关系、社群和阶级等）。但是，在晚期资本主义社会中，这一个体化又伴随着一系列吊诡现象：一方面产生“自反性自我”，现代社会结构迫使人们成为积极、自主的个体，但同时必须对所面临的问题承担全部责任（鲍曼称为“强迫和强制的自主性”）；另一方面“通过从众来实现个人自己的生活”。对社会制度的依赖决定了当代人不能自由地追寻并构建一个独特的自我，相反地，当代的个体必须通过准则和法规建构自己的人生，他们最终以貌似个体化但实际上却从众的生活谢幕。

当代中国社会或者中国乡村社会是否也出现了类似的个体化？“是的!”包括贝克、阎云翔等在内的许多学者都是这样回答的。不过，他们也指出，当代中国（乡村）社会的个体化跟发生在西欧社会的个体化不尽相同。譬如，阎云翔认为，个体化命题作为一项理论建构捕捉到了西欧社会关系中本质性的变化，但是其中某些变化在中国并不存在①。实际上，个体化命题不仅捕捉到了西欧社会的本质性变化，同样捕捉到当代中国（乡村）社会的根本性转型，改革开放以后一个个个体从高度集中的、整齐划一的、无所不包的“总体性社会”中“脱嵌”出来，并且越来越多的个人从家庭、亲属关系、单位或集体、社群（社区）和阶级等结构性藩篱中“解脱”出来，日益成为“为自己而活”和“靠自己而活”的原子化个体。尽管“某些变化”在当下中国（乡村）社会表现得不够明显，但是却或多或少、或明或暗地存在；跟西欧社会个体化相比，中国（乡村）社会个体化复杂得多，因为它同时处身于前现代、现代和后现代场景之中，并交织于全球化与民族化、地方化以及工业化、信息化和城市化等不同谱系之内。可以这样说，发生在当代中国社会的其中某些变化在西欧社会并不存在。譬如，这些日益崛起的个体“已显示出强调权利而忽视义务和他人个体权利的趋势”，自我主义盛行于无公德的个人间的交往中②。阎云翔把这些个体称为“无公德的个人”③。

总之，“去传统化、脱嵌、通过书写自己的人生来创造属于自己的生活，以及无法抗拒的更加独立和个人主义的压力，所有这些西欧个体化特征也同样发生在中国的个体身上”④。严格来讲，中国社会的个体化，到目前为止至少经历了两波：第一波是改革开放初期，人们从无所不包的计划

---

① 阎云翔. 导论：自相矛盾的个体形象，纷争不已的个体化进程［M］//贺美德，鲁纳. “自我”中国：现代中国社会中个体的崛起. 许烨芳，等译. 上海：上海译文出版社，2011：4-5.

② 阎云翔. 导论：自相矛盾的个体形象，纷争不已的个体化进程［M］//贺美德，鲁纳. “自我”中国：现代中国社会中个体的崛起. 许烨芳，等译. 上海：上海译文出版社，2011：2.

③ 阎云翔. 私人生活的变革：一个中国村庄里的爱情、家庭与亲密关系（1949—1999）［M］. 龚小夏，译. 上海：上海书店出版社，2006：261.

④ 阎云翔. 中国社会的个体化［M］. 陆洋，等译. 上海：上海译文出版社，2012：342.

经济体制和高度集中的全能主义国家中脱嵌出来；第二波大致是从20世纪90年代中期开始的，主要发生在人与人之间的社会关系领域，越来越多的人从地方性共同体、家族、家庭乃至亲密关系中“解脱”出来，把日常性生产和生活关系转变为即时性交易关系。

阎云翔注意到中国城乡社会个体化的不同，并“区分为自愿和非自愿（或强迫）的脱嵌”①。城市居民更倾向于抵制个体化趋势，农民则更加欢迎个体化。“为什么农民比城市居民更加拥护个体化？一个简短的答案是，中国社会主义下长期的城乡二元结构使得农村居民……无法享受城市居民所有的社会福利。……他们从先前深嵌于其中的社会主义集体所得甚少，因而有着强烈的脱嵌动力。在改革时代，他们仍然外在于国家所提供的社会福利体系，必须依靠自己以保障自己和家庭的生存和福祉，在市场竞争中失败也只能责怪自己。……换句话说，在乡村中国崛起的个体更应该被理解为是对社会主义下制度性歧视的一个自我保护式的反应，而不是由自决和自由理念所激发的进展。”② 如果说，西欧社会的个体化是被贝克夫妇称为制度化个人主义（institutionalized individualism）的一个悖论式发展，因为日益由社会制度所定义的个体必须依靠福利国家提供的保障和财富以维持“本体论意义上的安全感”③，那么，中国乡村社会的个体化则可以被看作对制度性歧视和制度性缺失的一个自我保护的反应，其理由不言自明。

不过，必须纠正的是，中国城乡社会个体化的这种差异，主要表现在第一波转型之中。在第二波个体化中，城乡社会之间的差异已经不再显著

---

① 阎云翔. 导论：自相矛盾的个体形象，纷争不已的个体化进程［M］//贺美德，鲁纳. “自我”中国：现代中国社会中个体的崛起. 许烨芳，等译. 上海：上海译文出版社，2011：19.

② 阎云翔. 导论：自相矛盾的个体形象，纷争不已的个体化进程［M］//贺美德，鲁纳. “自我”中国：现代中国社会中个体的崛起. 许烨芳，等译. 上海：上海译文出版社，2011：35.

③ 〔英〕安东尼·吉登斯. 现代性与自我认同［M］. 赵旭东，方文，译. 北京：生活·读书·新知三联书店，1998：40.

了，相对而言乡村社会内部的差异越来越突出。例如，在不同的地区，由于人口流动、村庄开放、传统习俗、社区认同、市场程度等因素的不同，各自的个体化程度也不尽相同。在乡村社会里，不同年龄群体之间的个体化水平也有较大的差异，一般地，年轻一代比年老一代个体化水平更高。虽然本文仅仅讨论中国乡村社会的个体化，但是这并不表示个体化只发生在乡村社会，中国城市社会同样卷入了个体化转型之中。

乡村社会个体化有哪些表征？首先来看这些从旧有社会性关联中脱嵌出来的个体，他们行为观照的对象由传统村落社区、社会主义集体、家族乃至家庭转变为个体自身。他们对村落社区的认同越来越淡漠，跟集体几乎没有任何利益联系，家族只是偶尔勾起对共同祖先残缺不全记忆的形式共同体，家庭不但日渐核心化而且日益不稳定。“为自己而活”是其信条，除此以外别无价值信仰。或许物质生活水平大大改善，但其精神世界却日渐空虚，于是个体化身体“视之为个体认同的表达”①。也就是说，“身体越来越成为许多人的自我认同感中的核心要素”②。这样一来，人与人之间只能是“一种随时可以中断的社会关系，只有当它能够为每一个个体提供充分的心理回报的时候，这种关系才能得以维系”③。这种关系以自身为标准，它缺乏任何外在的参照性框架和约束机制；他（她）的身体需要直接决定了他（她）的行为逻辑。

这些“为自己而活”的个体，往往也只能“靠自己而活”。一方面是社会制度所致，另一方面是个体化的社会逻辑结果。相对城市而言，我国农村社会基本福利制度或社会保障制度还不够完善，而且长期处于低度供给状态。与此同时，乡村社会本身不但没有有效组织起来，而且丧失了自

---

① 〔英〕克里斯·希林. 身体与社会理论［M］. 李康，译. 北京：北京大学出版社，2010：2.

② 〔英〕克里斯·希林. 身体与社会理论［M］. 李康，译. 北京：北京大学出版社，2010：1.

③ 〔英〕安东尼·吉登斯. 现代性与自我认同［M］. 赵旭东，方文，译. 北京：生活·读书·新知三联书店，1998：220.

我生产和自我供给公共产品的能力。从这个意义上来讲，无所依靠的个体，唯一所能依靠的是自己。除了众所周知的社会制度的原因，“靠自己而活”也是“为自己而活”的必然性反应，甚至可以说它是对“为自己而活”的一种报应，尤其是对那些只强调权利、不承担义务的“无公德的个人”来说更是如此。

这样的个体实际上是与他（她）处身的社会相互建构的。经验告诉人们，在那些个体化严重的乡村，社会对个体几乎起不到联结、规训作用。公共规则要么有名无实，要么荡然无存；公共话题要么空洞无物，要么远离人们生活；公共舆论要么消解不立，要么乏力无用。人们各行其是，相互疏离。诸如“那是人家的事”这样的公共舆论，形式上似乎趋向尊重他人的个人权利和隐私而显得更加包容，实则是公共道德力量的式微或消解。没有了公共舆论，也没有了对村庄公共舆论的顾忌，乡村社会的公共性和伦理性日益衰竭。一些人可能会肆无忌惮地做任何事情，个别年轻人可能开始虐待老人，个别村干部也许可以毫无顾忌地贪污，甚至与乡村混混势力联合在一起。乡村社会将成为无规制之地，丛林原则肆虐横行，将成为当下农村治理最为隐秘、最为根本、最难解决的问题。

二、因何个体化

我国乡村社会个体化尽管可以看作国家、市场、社会和文化等因素综合作用的结果，但无疑的是它由国家开启，因为包括市场、社会和文化在内的其他诸因素都跟国家密切关联——从计划经济转变为市场经济，并推动市场经济的发展，离不开国家的规划与主导；乡村社会从总体性结构转变为离散性结构，也跟国家的乡村治理转型不无关系；乡村文化传统的消解和式微，也与改造乡村、建设新农村和推进城镇化直接相关，它们背后都有国家的影子。

在第一波个体化中，国家开启了改革的大门。改革最初是从农村土地的家庭经营开始的，它把农民从过往集体生产和集体分配的方式中“解放”出来，极大地激发了农民农业生产的积极性。粮食亩产由 1978 年的 168.5 公斤增加到 1984 年的 240.5 公斤，增长了 42.73%①。随后，国家又逐渐地、有选择地从乡村社会隐退，除了计划生育、治安维稳以外，国家权力极少干预农民的日常生活。这就在客观上为乡村社会让渡了一定的“空间”。也就是说，在生活领域，农民拥有了比集体化时期越来越多的自由。进入 20 世纪 90 年代以后，农民被允许自由地流动、外出务工。这一方面要归功于国家放松了户籍等相关管制，另一方面也是国家推动商品经济及之后市场经济发展的必然要求。农民挣脱了与村集体之间的脐带式联系。特别是农村税费改革以后，向农民征收税费这一地方政府、村集体与农民之间的最后一点常规性联系也被打破了。除了土地在名义上仍然属于集体以外，农民跟集体几乎没有任何其他的实质性关联，农民摆脱了华尔德（Andrew Walder）所说的对集体的“组织性依附”②。

农业家庭经营的改革很快扩展到了整个经济领域，并最终迈向经济市场化改革。国家所推行的经济改革，“将经济从国家的支配型社会主义机制中‘解放’出来，同时，将个人从无所不包的城市单位和村集体等社会主义机构中解放出来。这导致了一种有限的、国家认可的个体化过程，在此过程中，个人被告知必须发挥自己的主观能动性，而中国社会主义安全网却消失殆尽”。这就为“靠自己而活”“为自己而活”的个体化开启了进程。

现在看来，第一波个体化可以视为对计划经济时期国家所实行的集体化的一种改变。这是中国乡村社会个体化最独特的历史社会背景和前提条件。“与欧洲相比，中国的个体化路径是在以一种与众不同，甚至是相反

---

① 郑有贵，罗贞治，李成贵. 党的十一届三中全会以来我国农业政策的演变及其作用［J］. 教学与研究，1998（12）.

② 〔美〕华尔德. 共产党社会的新传统主义：中国工业中的工作环境和权力结构［M］. 龚小夏，译. 牛津：牛津大学出版社，1996.

的、受时间限制的顺序发展。中国在个体化尚未得到宪法的支持之前就已经对经济以及日常文化和消费主义的劳动力市场实行了新自由主义式的解除管制，这与欧洲的情况有所不同。结果，基于以市场为基础的新自由主义式个体化，人们获得了政治和社会方面的基本权利。这种倒置所导致的一个结果是，已经废除社会保障及其对于集体的义务的威权国家通过在个人周围布下紧密的控制之网，对要求政治参与的呼声这一个体化进程的内在要求设定了明确的限制条件。"① 从这个角度来看，阎云翔认为："中国的个体化进程在很大程度上是在国家的管理下展开的。所谓国家管理的个体化，并不是仅仅指国家在推动制度变迁方面的作用；西欧的国家同样也推动个体化。更重要的是，在中国，国家还用软性管理（与刚性控制相反）的方式处理个体、市场、社会群体、制度和全球资本主义各方面之间的相互作用，引导个体化的走向。主要策略之一是'利益导向'，意思是国家用诱人的经济或政治回报来引导个体选择那些对国家有利的行为方式，并在国家已经设定好的边界内发挥自我控制或自我管理的能力。"他与贝克对中国个体化的观察相呼应，进一步指出："国家在三个层次上管理个体化过程：（1）国家在推动和支持个体在经济生活、私人生活和一些有选择的公共生活中崛起的同时，做出各种努力防止个体对政治权力的诉求；（2）当来自社会各阶层的个体在维权运动或寻求自我发展机会方面向国家提出公开诉求时，国家会根据这些个体所处社会群体的等级不同而给予不同的回答；（3）国家更倾向于接受孤立个体的维权行动和自我利益的诉求，但是不能宽容由个体组织起来的群体性行为，尤其是那些超越了社会阶层或地理区位的群体性行为。"② 其中的一些观察存在于第一波个体化进程中，并不符合当前中国社会的实际，针对公民的诉求国家正在逐步扩

---

① 〔德〕乌尔里希·贝克，伊丽莎白·贝克－格恩斯海姆．前言：个体化的种类［M］//贺美德，鲁纳．"自我"中国：现代中国社会中个体的崛起．许烨芳，等译．上海：上海译文出版社，2011．

② 阎云翔．中国社会的个体化［M］．陆洋，等译．上海：上海译文出版社，2012：344－345．

大民众的公共参与权利，将一些合理诉求吸纳到相应的政策文本中，并尝试在制度上进行调适。

相对前一波个体化而言，第二波个体化复杂得多。如果说中国乡村社会第一波个体化主要由国家开启和主导的话，那么第二波个体化更主要地受到市场、社会和文化等多种因素的交互影响，国家在大多场合下则从前台退隐到幕后，其中某些变化未必是国家当初所期望的，因为一旦市场、社会和文化等因素对个体化产生越来越大的影响作用，它们必然会沿着自身的逻辑发展或者惯性运作。

随着我国市场经济的发展，市场的原则不再拘泥于经济领域，而是不断蔓延或渗透进社会、政治和文化等领域。所谓市场的原则，就是把原来不是商品的东西转变为商品，把一切关系简约为（市场的）交易关系。那些从诸如集体、阶级、社区、家庭等旧有的社会性关联中脱嵌而出的乡村个体，经过这样的市场原则冲击或洗礼之后，农民邻里之间无论是在生产上还是在日常生活上的换工、帮工、互助、合作等传统互惠关系，日渐被即时性金钱交易关系所取代。如今，农民建房用工都必须当天用现钱结算；老人去世“哭丧”也改为市场交易，由专业的“哭丧”队承担了。在私人的交往方面，人际关系变成了待价而沽的交易关系——当人们在行动时，总是要问自己“我能从中得到什么好处?”。正是因为过分注重这种交易关系，以至于把社会关系量化为金钱的形式①。随着货币关系的泛化，农民之间越来越原子化，缺乏有效结合而处于独立无援的状态②。

在这样的个体化社会中，农民特别是年轻一代农民已经不存在任何“公共”或“集体”的意识了。人们在口头上偶尔提起一两句“公共”或

① 〔英〕保罗·霍普．个人主义时代之共同体重建［M］．沈毅，译．杭州：浙江大学出版社，2010：60－61．

② 邱梦华．中国农民公私观念的变迁——基于农民合作的视角［J］．内蒙古社会科学（汉文版），2008（6）．

“集体”的话语，也仅仅是一种工具性使用，其根本目的是维护他们的私利。于是，人们对“私”的界定也因之更加随意且主观。一方面，“私”的范畴可以随意变动；另一方面，人们对“私”的界定不再有共同认可的标准。原来建立于共同生产或共同生活基础的共同意识消解了，那个自我主观随意界定的“私”便成为个体行动的根本逻辑。

尤其是在一个快速流动、急剧转型的个体化社会里，人与人的交往是在一种不稳定的、不确定的陌生环境中进行的。大量青壮年农民外出打工，很多需要也可以通过即时性的交易得到满足，较为稳固的家庭、社群因此变得可有可无。个体化农民不但从乡村集体解放出来，还从传统的家庭关系中脱嵌出来，并处于一种原子化的流散状态。总之，在这样一种个体化社会中，农民的行为逻辑日渐带有功利性、随意性、即时性的特征。

在贝克看来，个体化既包含“脱嵌”，又包括“再嵌入”（reembedment）。“脱嵌，即个体从历史限定的、在支配和支持的传统语境意义上的社会形式与义务中撤出（解放的维度）；与实践知识、信仰和指导规则相关的传统安全感的丧失（祛魅的维度）；以及再嵌入——其含义在此已转向与个体化的字面意义完全相反的一面，即一种新形式的社会义务（控制或重新整合的维度）”①。吉登斯也指出，所谓“脱域”（disembeding）是指人们的社会关系从互动的地域性或地方性场景中“挖出来”（lifting out）或“抽离化”，并使社会关系在无限的时空地带中“再联结”起来②。然而，正在中国乡村社会发生的个体化，至少在目前尚无迹象显示，它会再次以一定的形式结合或联结起来。

尽管国家有选择地给社会让渡了一定的空间，但是这些新出现的社会空间几乎完全是“空”的：一方面，在这一社会空间领域中，当需要国家

① BECK. Risk Society：Towards a New Modernity［M］. RITTER M，Trans by Mark Ritter，London：Sage Publications，1992：128.

② 〔英〕安东尼·吉登斯．现代性与自我认同［M］．赵旭东，方文，译．北京：生活·读书·新知三联书店，1998：19.

提供基本的社会福利、社会保障、社会安全时，国家却借故缺场（或离场）了；另一方面，社会本身至今没有建立有效的社会组织（体系）和社会机制，能够让它自我运转起来，更遑论使之发挥一定的社会性作用——对国家起到必要的参与、合作乃至协商、制衡的作用，对社会领域本身起到联结、团结乃至规约的作用。

这仅仅是对社会空间的总体性观察而已，一旦深入当下中国社会内部去考察将会发现，中国社会（空间）并没有由于市场经济的发展、城乡人口的自由流动以及户籍制度等体制性改革打破城乡社会之间的藩篱。因此，那些从乡村社会脱嵌出来，奔向城市社会的年轻一代农民个体，往往游离在城市社会的边缘，或者流散于城市社会内部，根本无法在城市社会实现“再联结”或“再嵌入”。

三、如何建设公共性

对照西欧社会，中国乡村社会的个体化非但是一种不完整的个体化，而且是一种畸形的个体化。如何医治中国乡村社会个体化的病变？公共性建设是其中一味不可或缺的良药。

什么是公共性？有人把它理解为公共价值，有人把它理解为公共精神，有人把它理解为公民性，但是所有此类理解都存在滑向一致性、同质性、共同性等不容商议的宰制性认识论危险。在定义公共性之前，必须注意到，“公共性是建立在多元而具有主体性的个人这一理论假设上的，又是建立在不同的、差异的甚至矛盾的个人必须生活在一起这一理论假设上的。……公共性是一种承认差异，尊重差异，让差异的个体得到合理和正义的共处的理论”①。诚如阿伦特（Hannah Arendt）曾经指出的，公共性的重要特点是差异性和共在性的统一。所谓“共在性”，是指不同的个体

① 张法．主体性、公民社会、公共性——中国改革开放以来思想史上的三个重要观念［J］．社会科学，2010（6）．

共同存在于同一个世界；所谓“差异性”，是说共在于这个世界的个体是千差万别的。阿伦特认为不同的个体都带着自己不可化约的差异性进入公共领域，这种同时在场而又保持多元性和差异性的状态，是公共领域的重要特点。公共性的本质是各方视点的不可化约的多元性，“尽管公共世界乃是一切人的共同聚会之地，但那些在场的人却是处在不同的位置上的。……事物必须能够被许多人从不同的方面看见，与此同时又并不因此改变其同一性，这样才能使所有集合在它们周围的人明白，它们从绝对的多样性中看见了同一性，也只有这样，世俗的现实才能真实地、可靠地出现。”① 受其影响，哈贝马斯才提出：“本来的公共性（真正意义上的公共性）是一种民主原则。”②

公共性是一个新词，当下人们之所以讨论公共性是因为社会出现了分化、多元、差异乃至个体化，因此关于公共性的讨论不宜无休止地追溯历史。换言之，公共性不是原有总体性社会的特征，而是在一个日渐分化、多元、差异乃至个体化的现代社会里重新建构公共生活何以可能的新论题。公共性的建设不是回转到传统的总体性社会，而是探讨在一个日益分化、多元、差异乃至个体化的现代社会中何以实现一种新的公共生活。所以说，公共性既是公共生活的基本属性，也是维系公共生活的基本原则。

“公共性则是对多元社会中的符合整个社会利益和社会理想的正义的一种新型表述，公共性于20世纪90年代末出现而在新世纪开始流行，与中国改革进一步推进相关。一方面，中国多元社会的进一步深化，如何为竞争中的权益厘定一个普遍法则，成为理论思考的重点；另一方面，中国所深深卷入的全球化的演进，如何在多元文化、差异政治、文明冲突中形

---

① 〔美〕阿伦特．公共领域与私人领域［M］．刘锋，译//汪晖，陈燕谷．文化与公共性．北京：生活·读书·新知三联书店，1998：88－89．

② 〔德〕哈贝马斯．公共领域的结构转型［M］．曹卫东，等译．上海：学林出版社，1999：252．

成一种新的普遍共则、普遍伦理、对话机制，成为理论思考的重点。”① 当代中国社会不但日益分化、多元化，而且趋向个体化，公共性和公共性建设便因此成为一个现实性论题。

“在自由而平等的公民因相互冲突，甚至是不可公度的宗教学说、哲学学说和道德学说而产生深刻分歧的情况下如何使社会能够成为一个稳定而正义的社会?”② 为了回答这一问题，信奉政治自由主义的罗尔斯（John Rawls）引入了“重叠共识”（overlapping consensus）的理念。因为重叠共识深入作为公平的正义得以产生的基本观念之中，它预设了足够深入的协议，以致形成了作为公平合作体系的社会、自由而平等的公民等观念，同时它又包括政治观念的原则和价值，并运用于作为整体的基本结构。问题是，公民是根据何种机制达成他们的重叠共识的呢？罗尔斯的回答是诉诸公共理性，“公共理性是一个民主国家的人的基本特征：它是公民的理性，是那些共享平等公民身份的人的理性。他们的理性目标是公共的善。此乃政治正义观念对社会之基本制度结构的要求所在，也是这些制度所服务的目标和目的所在”③。

可见，罗尔斯只是在一般性的现代社会政治生活意义上论述了公共性，对于一个高度个体化、“全靠自己”的社会（find - out - for - yourself society）而言，达成公共性是否可能呢？建立在个体化流沙之上的社会如何实现整合？贝克的回答比罗尔斯悲观得多。

除了种族隔离、强权压制等倒转历史车轮的做法以外，贝克认为目前有三条道路，即求诸超验共意（transcendental consensus）、共同物质利益或国族意识，不过他也指出这三条道路同样变得越来越不确定，越来越脆弱，难以发挥长远作用。第一条道路试图通过价值来实现整合，但是文化

① 张法．主体性、公民社会、公共性——中国改革开放以来思想史上的三个重要观念［J］．社会科学，2010（6）．

② RAWLS J. Political Liberalism［M］. New York：Columbia University Press，1993：133.

③ RAWLS J. Political Liberalism［M］. New York：Columbia University Press，1993：213.

观念的多元化及人们不得不为自己建立的种种联系，蚕食了价值共同体自我维持与不断更新的基础；第二条道路把整合的基础建立在分享共同物质利益之上，但这种观点的基本假设本身是有问题的，混淆了问题本身和问题的解决之道；第三条道路诉诸国族意识，但这条道路同样也行不通，因为随着民族认同的松动，国族整合也随之崩溃了。①

还有没有别的可能性呢？贝克认为至少还有另一种可能性。“我的基本观点是：如果说高度个体化的社会可以整合的话，那么首先必须对这种状况有一个清晰的认识；其次，只要人们在面对生命中的重要挑战时（失业、自然灾害等）能够被成功动员与激发。在旧有的社会性正在‘蒸发’的地方，必须对社会进行再造。因而，只要个体的突围没有受阻乃至倒退，那么整合就是可能的。只要我们有意识地利用好这种情势，努力铸造新的政治上开放的创造性的纽带和联合，整合就能实现。问题在于我们是否仍然有力量、想象力和时间来进行这种‘政治发明’，这个问题是事情成败的关键所在。”② 曾经有人把四川汶川地震那年定为中国公民社会元年，或许是基于地震灾害所激发出来的民众齐心协力抗灾的精神和组织行动而言的。然而，随后的发展却显示，我们并没有“有意识地利用好这种情势，努力铸造新的政治上开放的创造性的纽带和联合”，以致如今的中国社会越发个体化了。

不过，细心的人仍然能够在现实中发现一些零碎的“政治发明”，从一定意义上为诊治个体化病症提供启发性价值。其中，湖北省秭归县从2012年下半年开始推行的“幸福村落”建设，就是这样一个“政治发明”。所谓“幸福村落”建设，就是当地政府在村落社区中引入一套自治、

---

① 〔德〕乌尔里希·贝克，伊丽莎白·贝克－格恩斯海姆．个体化［M］．李荣山，范譞，张惠强，译．北京：北京大学出版社，2011：20－21.

② 〔德〕乌尔里希·贝克，伊丽莎白·贝克－格恩斯海姆．个体化［M］．李荣山，范譞，张惠强，译．北京：北京大学出版社，2011：21－22.

参与和合作机制，通过村落理事会组织和“一长八员”的制度设计①，激发村落社区居民的公共行动，在公共行动中孕育、产生村落社区的公共性，最终实现村落公共产品的自我生产或自主供给。“幸福村落”建设这一“政治发明”之所以能够成功，主要归功于当地政府“有意识地利用好这种情势，努力铸造新的政治上开放的创造性的纽带和联合”，建构了与个体化农民利益相互关联的、与其日常生活紧密联结的整合机制。“作为具有主体性的个人，能否参与和是否参与，成为公共性的第一个标准；多元、差异、矛盾的诸多主体，在进行参与的互动中，能否实现社会正义和人性正义，是公共性的第二个标准。”②“幸福村落”的建设恰好自觉或不自觉地蕴含着符合这样的公共性标准的生产机制。

“幸福村落”的建设经验还告诉人们，使个体化农民再次嵌入乡村社会，不能简单地排斥地方政府的作用——如果地方政府制度和机制供给与乡村社会实现有效对接，能够极大地激发乡村社会的内在活力和凝聚力，这样的地方政府作用就是必要的且合理的——关键在于地方政府是如何介入的。例如，陈蒨通过对浙江杭州西湖梅家坞“茶文化村”和台湾宜兰县白米“木屐村”两个村庄文化开发案例进行比较研究发现，虽然两地地方政府都有意运用文化政策致力于地方特色文化产业的开发，但实施的文化政策的不同导致了两地社区认同、公共精神建设方面不同的文化治理效果。宜兰的社区文化建设是以“公共精神”的重构为基础的，在发展文化

---

① 村落理事会由村落理事长和理事（经济员、宣传员、帮扶员、调解员、维权员、管护员、环保员、张罗员“八员”）组成，简称“一长八员”，他们由村落群众或村落户代表民主推选产生，属社会组织成员，以义务方式履职。在具体实行中，往往根据村落实际情况进行配置，如果村落精英较多可以“一人一职”，如果村落精英较少可以“一人多职”。秭归全县 12 个乡镇共划分 1361 个社区、2065 个村落，选举产生“一长八员”9347 名。这些活跃在全县各个村落的近万名村落“一长八员”，在当地经济发展、社会治理、公益事业建设中发挥着积极作用，成为农村社会一支不可小觑的、“常驻”“编外农村工作队”。

② 张法．主体性、公民社会、公共性——中国改革开放以来思想史上的三个重要观念［J］．社会科学，2010（6）．

产业的同时不忘社会建设，这与“梅家坞”案例中的地方经济迅速发展而个人主义却借机“抬头”有很大不同①。无论秭归的“幸福村落”建设经验还是宜兰的社区营造案例，均表明，乡村社会公共性建设离不开地方政府以合理的方式介入。尤其是当乡村社会已经失去自我动员、自我组织能力的时候，更需要政府的适当介入。总之，治疗中国乡村社会个体化病变，必须从国家和乡村社会两边同时发力，最好是二者能够建立一种良性的互赖式治理关系。中国个体化乡村社会的公共性建设是一项系统工程，需要地方政府甚至国家和乡村社会协同创新去解决。

① 陈蒨．中国大陆和台湾的文化治理与空间营造［J］．中国季刊，2011（2）．

中国农民行为逻辑的变迁及其论争

讨论中国农民行为逻辑，不得不首先提到费孝通、梁漱溟两位大家，费孝通认定传统中国乡村社会结构是“差序格局”，农民的行为逻辑是“自我主义”①；梁漱溟从“伦理本位”出发，认为中国人的行为逻辑是“互以对方为重”的利他主义②。有的学者认为两人所论一致，有的学者认为两人观点相互补充、互为印证，有的学者认为两人意见相左；在后一种看法中，有的欣赏费孝通的观点，有的赞同梁漱溟的意见，有的认为二者皆有偏差。例如，廉如鉴、张岭泉认为，“‘自我主义’有低度社会化之嫌，‘互以对方为重’则有过度社会化之嫌”③。还有一些学者试图在费孝通、梁漱溟各自论点的基础上加以修正，提出自己的见解。例如，郭星华、汪永涛认为，传统社会农民的集体主义行为取向是家族集体主义，它以村落社区为单位，遵循着“互以对方为重”的行为逻辑④。赵晓峰认为，传统中国农民的行为逻辑是“以群为重、以己为轻”的群我主义，以农民认同的“大私”单位为界限，其内遵循个体利益服从群体利益的整体

---

① 费孝通．乡土中国　生育制度［M］．北京：北京大学出版社，1998：24－30．

② 梁漱溟．中国文化要义［M］．上海：上海世纪出版集团，2005：81．

③ 廉如鉴，张岭泉．“自我主义”抑或“互以对方为重”——差序格局和伦理本位之间的一个尖锐分歧［J］．开放时代，2009（11）．

④ 郭星华，汪永涛．农民行动逻辑的演变［J］．黑龙江社会科学，2012（4）．

主义行为逻辑，其外则遵循截然相反的特殊主义的陌生化的人际交往逻辑①。

在确立传统社会中国农民行为逻辑范式的论述基础上，不少学者讨论了中国农民行为逻辑的变迁。跟传统时期比较，郭星华、汪永涛认为，公社时期在国家本位的集体主义社会中，个人直接隶属于国家之下的集体，集体之外既没有社会，也没有个人。它与伦理本位的集体主义行为逻辑存在“表达”与“实践”的矛盾；在后集体化时代，随着国家权力从集体退出，以及外部市场经济的影响，农民的行为逻辑转变为伦理本位的个人主义。他们同时也指出，伦理本位的价值取向与个人主义的行为取向既存在相互融合的一面，也存在冲突，关键在于行动者对“私域”范围的界定是否一致②。

农民的行为逻辑基本上是建立于对“公”“私”的认识基础之上的。有学者甚至认为，人们行为的深层逻辑就是私利或私域的逻辑。因此，在讨论农民的行为逻辑时大多论及农民的公私观念，或者从公私观念出发来论述农民的行为逻辑。费孝通认为，“在差序格局里，公和私是相对的，站在任何一圈里，向内看也可以说是公的”。对于“公”与“私”的定义，人们向来是随着社会处境的不同而因时因地变动的，没有一个固定、明晰和统一的界限。“为自己可以牺牲家，为家可以牺牲族……这是一个事实上的公式。在这种公式里，你如果说他私么？他是不能承认的，因为当他牺牲族时，他可以为了家，家在他看来是公的。当他牺牲国家为他小团体谋利益，争权利时，他也是为公，为了小团体的公。”③ 费孝通对农民的“私”大抵持批评的态度，“一说是公家的，差不多就是说大家可以沾一点便宜的意思，有权利而没有义务了”。他也承认，“私的毛病在中国实

① 赵晓峰. 公私观念与传统中国农民的行动逻辑［J］. 华中科技大学学报（社会科学版），2012（3）.

② 郭星华，汪永涛. 农民行动逻辑的演变［J］. 黑龙江社会科学，2012（4）.

③ 费孝通. 乡土中国　生育制度［M］. 北京：北京大学出版社，1998：30.

在是比愚和病更普遍得多，从上到下似乎没有不害这毛病的"①。梁漱溟认为，由于中国人缺乏类似于宗教的、阶级的、民族的团体组织，最看重的就是家庭了，个人淹没在家庭之中②。杨国枢将中国人这种家族重于个人的倾向称为家族集体主义③。以致林语堂将这种"系心于各自的家庭而不知有社会，此种只顾效忠家族的心理"称为"扩大的自私心理"④。近代以来，关于中国人或农民"私"的论述及批评还有很多，严复、梁启超、孙中山、晏阳初、鲁迅等均直陈中国人缺乏公共精神、团体意识，人人各怀其私，如一盘散沙，没有凝聚力，这是"落后挨打"的主要原因。

需要指出的是，在这些论述中，有的强调公私的相对论或处境论，认为在不同的社会（关系）格局或在不同的社会情景之中，人们对公私的界定是不同的，公私的实际界限随之伸缩、游移；有的则从本质主义上进行论述，认定中国人或农民本质上是"自私的"，虽然在道德价值上主张立公灭私、崇公抑私，但在生活实践中却是"各怀其私、各行其私、各是其私"⑤。这种本质论的论述严格上是经不起推敲的，关注私利未必就是中国人或农民的本质属性，诸如"理性人""经济人""公地悲剧""搭便车"等论述也常常见于西方学术研究之中，早在古希腊时期，亚里士多德就曾指出，"凡是属于最多数人的公共事物常常是最少人照顾的事物，人们怀着自己的所有，而忽视公共的事物；对于公共的一切，人们至多只留心到其中对他个人多少有些相关的事物"⑥。

究竟是什么原因造成了人们"嘴上说一套、实际做一套"，也有许

① 费孝通. 乡土中国　生育制度［M］. 北京：北京大学出版社，1998：24.

② 梁漱溟. 梁漱溟全集（第2卷）［M］. 济南：山东人民出版社，1990：193.

③ 杨国枢. 华人社会心理学（上册）［M］. 重庆：重庆大学出版社，2008；杨国枢. 中国人的社会取向：社会互动的观点［J］. 中国社会心理学评论，2005（1）.

④ 林语堂. 吾国吾民［M］. 北京：中国戏剧出版社，2008.

⑤ 瑶林馆主（陈炽）. 贵私贵虚论［N］. 时务报，1897-02-22.

⑥ 〔古希腊〕亚里士多德. 政治学［M］. 北京：商务印书馆，2007：48.

多讨论。有学者认为这是道德与政治在公私关系上的错位所致，乃至有学者认为在中国封建社会，“大公”的理想境界依赖君主专制这一“大私”的方式实现，由此造成传统社会中政治、经济等诸多领域“公私两无”（理论和现实脱节）的尴尬局面①。赵晓峰则认为这“是由公与私的伸缩性引发的认知上的悖论，而不是一个普遍的实践中的悖论”，认知上的公私悖论现象的产生更多是由于脱离了实践的场域，抽离了时空，过于期待能够在高度抽象化、形式化的层面上寻找到一个普遍性的本质主义和实体主义的认识论范式。于是，他主张“将农民公私观念的讨论放到村庄这个特定的场域中，放到对农民日常行为逻辑的考察中”。两相比较，前者主要是从宏观上进行论述的，后者强调村庄微观视域的考察。

在此基础上，也有不少学者讨论了中国人或农民的公私观念的变迁。许纪霖认为，自晚明开始，大我不断世俗化，从天理、公理、人类、社会到现代国家，一一解体，小我逐步失去了大我的规范，从而表现出杨朱式的个人主义②。日本学者沟口雄三也视明末清初为中国人公私观念的重要转折期。③ 与一些历史学家相对精致的分析不同的是，大多社会学者往往将中国社会简化为传统时期、集体化时期、改革开放以来三个典型时期分别进行论述。例如，邱梦华认为，中国农民公私观念经历了这样的历史变化：传统时期的公私相对、有公有私；再分配时期的崇公抑私、公私模糊；转型时期的强私弱公、公私分明。她还指出，当前农民由于过于强调眼前的、狭隘的家庭私利而不能合作起来④。

综上所述，在论述行为逻辑的时候，有的是从规范角度来论述的，有

---

① 刘中建. 对中国传统公私关系文化的反思［J］. 中州学刊，2004（3）.

② 许纪霖. 大我的消解：现代中国个人主义思潮的变迁［J］. 中国社会科学辑刊，2009（1）.

③ 〔日〕沟口雄三. 中国公私概念的发展［J］. 国外社会科学，1998（1）.

④ 邱梦华. 中国农民公私观念的变迁——基于农民合作的视角［J］. 内蒙古社会科学（汉文版），2008（6）.

的是从实践角度来论述的；有的说的是“事实的公式”，有的说的是“应该的公式”；在论述传统中国社会时，有的单以儒家的典籍来阐述，有的却是综合百家之说；有的是从泛化的“中国人”来说的，有的直接论及“农民”。

而且，现有关于农民行为逻辑的讨论大多以描述性论述为主，较少去解释农民行为逻辑及其变迁的“背后逻辑”——是什么使农民这样做而不那样做，以及在不同的历史时期为何有如此不同的变化。间或有关于农民行为逻辑的解释，要么过于宏观，试图从道德价值与社会（政治）实践的分离与错位中寻找原因；要么过于微观，把农民的行为逻辑放置在家庭、宗族或村庄等基本社会行动单元中进行理解。笔者认为探讨农民的行为逻辑中的“逻辑”，最好将宏观和微观的分析结合起来，放置在“国家—社会”关系架构中进行审视。

一、传统社会的中国农民行为逻辑

为了方便讨论，本文还是选取传统时期、集体化时期、改革开放以来三个典型时期进行论述。在传统社会里，尽管皇权无远弗届，皇帝宣称“普天之下，莫非王土；率土之滨，莫非王臣”（《诗经·小雅·北山》），但从总体上而言，那时的“国家”权力仍然比较弱，皇权的统治在基层社会基本上是象征性的。在这种状态下，农民的行为逻辑更主要的是受社会结构的影响。

对于传统中国社会结构的描述或想象多种多样，其中最有代表性的“理想类型”是梁漱溟的“伦理本位”构型和费孝通的“差序格局”。所谓“伦理本位者，关系本位也”。梁漱溟认为：“中国之伦理只看见此一人与彼一人之间相互关系，而忽视社会与个人相互间的关系。——这是由于他缺乏集团生活，势不可免之缺点。但他所发挥互以对方为重之理，却是一大贡献。这就是：不把重点固定放在任何一方，而从乎其关系，彼此相交换；其重点实放在关系上了。……非惟巩固了关系，而且轻重得其均衡不落一偏。"① 也就是说，人们之所以注重彼此之间的关系，是因为"社会"并没有结成一个有力的"集体"，外在地规范人们的行为，整个社会秩序建立在人与人之间的关系的基础之上，而人与人之间的关系则用儒家的伦理（譬如，互以对方为重）加以规范；儒家同时又强调个人的自身修养，将这些伦理道德内化为个人的自觉行动。恰如余英时所论，"儒家一方面强调'为仁由己'，即个人的价值自觉，另一方面又强调人伦秩序。更重要的是：这两个层次又是一以贯之的，人伦秩序并不是从外面强加于个人的，而是从个人这一中心自然地推扩出来的"②。按照这一逻辑，人们只要遵照儒家的伦理道德处理好人与人之间的关系，"社会"的秩序就会自动地生成。儒家的伦理规范基本上是从家庭关系中推衍出来的，人与人之间的关系常常比拟为一种家庭关系，整个"社会"也被建构为一种类家庭结构。因此，儒家"最看重的就是家庭""个人淹没在家庭之中"，因此，在梁漱溟看来，传统时期的中国人或农民的行为逻辑就是家庭伦理的逻辑。

这种"伦理本位"的社会，在中国历史上十分少见，极有可能是儒家设想的一种理想社会状态。与梁漱溟不同的是，费孝通则是"以'己'为中心"构建中国传统乡土社会的结构，他认为："以'己'为中心，像石子一般投入水中，和别人所联系成的社会关系，不像团体中的分子一般大家立在一个平面上的，而是像水的波纹一般，一圈圈推出去，愈推愈远，也愈推愈薄"③。在由此形成的"差序格局"中，"每个人都是他社会影响所推出去的圈子的中心。被圈子的波纹所推及的就发生联系。每个人在某一时间某一地点所动用的圈子是不一定相同的"④。对于费孝通而言，"这并不是个人主义，而是自我主义。个人是对团体而说的，是分子对全体。

① 梁漱溟. 中国文化要义［M］. 上海：上海世纪出版集团，2005：84.
② 余英时. 余英时学术思想文选［M］. 上海：上海古籍出版社，2010：215.
③ 余英时. 余英时学术思想文选［M］. 上海：上海古籍出版社，2010：27.
④ 余英时. 余英时学术思想文选［M］. 上海：上海古籍出版社，2010：26.

在个人主义下，一方面是平等观念，指在同一团体中各分子的地位相等，个人不能侵犯大家的权利；一方面是宪法观念，指团体不能抹煞个人，只能在个人们所愿意交出的一分权利上控制个人。这些观念必须先假定了团体的存在。在我们中国传统思想里是没有这一套的，因为我们所有的是自我主义，一切价值是以'己'作为中心的主义"①。

在费孝通的"差序格局"描述中，有几点值得注意：(1)"以'己'为中心"，自己是人们界定群己、人我界限的唯一"坐标"；(2)圈层结构，"一圈圈推出去，愈推愈远，也愈推愈薄"；(3)社会关系是相对的或处境化的，"每个人在某一时间某一地点所动用的圈子是不一定相同的"，"圈子"是随着不同的社会情境而游移不定的；(4)这种因时因地建立的社会关系不是平等的。概而言之，"差序格局"的实质是费孝通所说的"自我主义"，这也是传统乡土中国农民的行为逻辑。

费孝通关于"公""私"的讨论，也建立于"差序格局"的认识基础之上。他认为，"这里所谓'私'的问题却是个群己、人我界限怎样划法的问题。……因之，如果我们要讨论私的问题就得把整个社会结构的格局提出来考虑一下了"②。费孝通称西方社会格局是"团体格局"，像"一捆一捆扎清楚的柴"，中国社会格局是"差序格局"，"在差序格局中，社会关系是逐渐从一个一个人推出去的，是私人联系的增加，社会范围是一根根私人联系的网络，因之，我们传统社会里所有的社会道德也只有在私人联系中发生意义"③。而且，"在差序格局里，公和私是相对的，站在任何一圈里，向内看也可以说是公的"。所以，"为自己可以牺牲家，为家可以牺牲族……这是一个事实上的公式。在这种公式里，你如果说他私么？他是不能承认的，因为当他牺牲族时，他可以为了家，家在他看来是公的。

---

① 费孝通．乡土中国　生育制度［M］．北京：北京大学出版社，1998：28.
② 费孝通．乡土中国　生育制度［M］．北京：北京大学出版社，1998：25.
③ 费孝通．乡土中国　生育制度［M］．北京：北京大学出版社，1998：30.

当他牺牲国家为他小团体谋利益，争权利时，他也是为公，为了小团体的公”①。

由此可见，在“弱国家”状态下，梁漱溟和费孝通对传统中国社会结构的描述或想象其实是不同的。“伦理本位”的社会，“互以对方为重”；“差序格局”的社会，“以‘己’为中心”。如果简单地认为梁漱溟所讲的“伦理本位”跟费孝通所说的“差序格局”“都是一个意思”，必然造成人们认为在行为逻辑上的名实相悖——“价值”与“实践”的分离、错位。

此外，还有不少学者认定传统中国农民是家族主义的或家族集体主义的。杨国枢就曾认为传统中国人是家族主义的，“在家族主义的取向下，人们生活圈内的运作是一切尽量以家族为重，以个人为轻；以家族为主，以个人为次；以家族为先，以个人为后。更具体地说，是家族的生存重于个人的生存，家族的荣辱重于个人的荣辱，家族的团结重于个人的自主，家族的目标重于个人的目标。在此种历程中，个人不得不屈从或融入家族，其个性或独特性自然不受重视”。“在家族取向下，家族为中国人之生活圈中的社会环境的主要部分。”② 郭星华、汪永涛则从本位价值取向与社会行为取向的二维视角来分析，认为传统社会农民的集体主义行为取向是“家族集体主义”③。

很显然，在讨论传统中国社会所谓的家族主义时，不能把视域仅仅局限于家族或者村庄内部，还必须放宽视野，联系到当时的“国家”和“社会”，否则将难以令人信服。如果当时的农民果真是家族主义取向的，这也是由彼时的“国家”和“社会”所塑造的，有什么样的“国家”与“社会”就会使农民结成什么样的行动单位。笔者非常赞同贺雪峰的看法，他在讨论中国传统社会农民的行为逻辑时，认识到当时的“国家权力无法

① 费孝通. 乡土中国　生育制度［M］. 北京：北京大学出版社，1998：30.

② 杨国枢. 华人社会心理学（上册）［M］. 重庆：重庆大学出版社，2008；杨国枢. 中国人的社会取向：社会互动的观点［J］. 中国社会心理学评论，2005（1）.

③ 郭星华，汪永涛. 农民行动逻辑的演变［J］. 黑龙江社会科学，2012（4）.

直达乡村社会”这一重要历史条件。如果抛弃这一历史条件，简单地从属性或本质上认定中国人的家族主义行为取向，是难以站住脚的。正是因为认识到传统“国家”在乡村社会的局限性，贺雪峰才提出，“为了解决与农民生产、生活和娱乐密切相关的公共事务，乡村社会创造了在家庭以上的功能性组织，从而形成了一个双重的认同与行动单位，其中的第一重是家庭，第二重是超出家庭的宗族或者以家族为基础的村庄认同”。而且，“在不同的乡村社会，或同一社会的不同时期，却可能会有不同的层级被作为主导的基本认同和行动单位，这个层级成为当地农民首要的认同单位，并因此成为决定该地村治特征的主导要素和决定农民行为逻辑的主导力量”①。也就是说，身处不同乡村社会的农民，其基本认同和行动单位是不同的，主要取决于所在的乡村社会结构以及它跟“国家”的关系。

二、集体化时期的中国农民行为逻辑

清末新政以后，国家开启了现代农村基层政权建设进程，试图打破横亘在国家与乡村人民之间的由乡绅地主阶层等组成和把持的中介层。但是，包括国民党政权在内的一切旧政权由于缺乏乡村社会的支持，或者说其权力不能融入乡村的“文化网络”，以及“掠夺经纪人”的存在，不但没有如愿以偿，反而导致政权的“内卷化”②。像乡村国家政权建设这样“从上而下的轨道的延伸是企图有利于执行政府的命令。通过保甲体系，一个权力更加集中的行政当局的确是实现了，但也仅仅实现了形式上的更高效率。因为当底部有一个僵局时，命令实际上得不到执行”③。中华人民共和国成立以后，国家通过土地改革，在打破旧有的地主乡绅构成的国家

① 贺雪峰．公私观念与中国农民的双层认同——兼论中国传统社会农民的行动逻辑［J］．天津社会科学，2006（1）．

② ［美］杜赞奇．文化、权力与国家——1900—1942 年的华北农村［M］．王福明，译．南京：江苏人民出版社，1994：66－68．

③ 费孝通．中国绅士［M］．北京：中国社会科学出版社，2006：56．

与乡村社会之间的实体化中介层以后，确立了国家政权与农民的直接沟通关系。

但是，那个时候的农民仍然只注重自家的利益。对许多农民来说，土改后的“蜜月年代”主要是重建家庭、结婚生子和提高收入①，而不是其他更高的追求。农民这种根深蒂固的观念显然跟当时的国家建设要求相去甚远，当时的国家领导人认识到，“只有实行集体化才能实现为工业化提供资金所必需的农业增产。这项工作要通过宣传、实践以及逐步增加的压力，来引导私有观念根深蒂固的农民‘不知不觉地’成为‘一个社会主义者’”②。

随着集体化的急剧推进，高度集中的人民公社体制最终在中国乡村社会建立了起来，它将分散的小农纳入无所不包的政治体系之中，其实质乃是组成一个“国家覆盖社会”或政治一体化的体系。这个时候，国家权力几乎可以达到乡村社会的每一个角落，甚至直达人们的灵魂深处。农民集体生产、共同分配，“集体”成为农民新的并且是唯一的生产和生活组织。这个时期，农民的行为逻辑必然地由国家和由国家建构的“集体”所塑造。

这个“集体”不是农民自由结合形成的，而是自上而下建立的，农民作为“社员”只是这个集体的构成分子而已。“在集体主义的颂歌中，集体的利益高于个人利益，集体有权要求个人做出贡献，个体的利益在集体利益得到最大限度满足后才被考虑或基本不予考虑的。而且，公社对集体主义的提倡并不停留于口头的宣传，也不只是对个别先进农民的要求，而是落实到每一个普通农民的日常生产、生活中去”③。

---

① 〔美〕弗里曼，毕克伟，赛尔登. 中国乡村，社会主义国家［M］. 陶鹤山，译. 北京：社会科学文献出版社，2002：251.

② 〔美〕费正清. 美国与中国［M］. 张理京，译. 北京：世界知识出版社，2002：357.

③ 邱梦华. 中国农民公私观念的变迁——基于农民合作的视角［J］. 内蒙古社会科学（汉文版），2008（6）.

所以，在这个时期，“一切与‘私’相关的制度、思想、观念、行为，都被压缩到不能再小的空间，甚至被完全否定”①。不过，这只是一种“表达性事实”，而非“客观性事实”②。在公开的场合，农民的行为表现符合集体主义的逻辑要求，但私下里仍然延续着传统一贯的行事风格，其“隐藏的文本”并不与其“公开的文本”相一致。关于这一点，张乐天在其关于人民公社制度的研究中也有论述：“人民公社在传统自然村落的基础上建筑起了自己的大厦，但对于公社制度来说，村落基础从一开始就具有双重属性。村落支撑着公社，因为公社在很多方面与传统村落同构；村落瓦解着公社，因为农民的原则、村落的原则与公社的原则在一些基本点上相冲突。从人民公社降生的第一天起，公社与农民之间、公社与村落之间就存在着巨大的张力。”③ 这就造成了农民集体主义行为逻辑的表达与个体主义行为逻辑的实践之间的反差与背离。

农民“口头上是‘斗私批修’‘灵魂深处闹革命’，实际则‘身在曹营心在汉’，‘两种劳动’（集体大田劳动与自留地劳动）‘两样干劲’（叫作‘生产队里磨洋工，自留地里打冲锋’），表面干集体，心中想自由”④。“与传统时期不同的是，公社时期农民的‘私’观念往往是在‘公’意识的掩盖之下而真实的存在”。笔者同意邱梦华的这一观点，她还认为：“农民的这种‘私’观念与通过社会主义意识形态人为建构出来的‘公’意识密切相关。公社所建构的‘公’意识，除了一般理解中的公家的、集体的意思之外，还有另一层意义，那就是‘人人有份’的原则。在这种观念支配下，社员在公社中想得更多的不是为集体多出力，多做贡献，而是想方设法从集体这块大蛋糕里多分点、多捞点。正是‘人人有份’的思想，在

---

① 刘泽华，等．公私观念与中国社会［M］．北京：中国人民大学出版社，2003：274.

② 黄宗智．中国革命中的农村阶级斗争：从土改到“文革”时期的表达性现实与客观性现实［M］//中国乡村研究：第二辑．北京：商务印书馆，2003.

③ 张乐天．告别理想：人民公社制度研究［M］．上海：上海人民出版社，2005：315.

④ 温锐．农民平均主义？还是平均主义改造农民——关于农村集体化运动与中国农民研究的反思［J］．福建师范大学学报（哲学社会科学版），2003（5）.

很大程度上模糊了公与私的界限，助长了公社内的平均主义。也正是‘人人有份’的思想，使得看似极端对立的‘公’与‘私’达成了‘巧妙’的结合与转化。”① 纵观历史，其实也是这样的，人们的“私”观念都是因主流意识形态的“公”意识建构起来的，有什么样的“公”意识，就有什么样的“私”观念，某种“私”的观念在一定程度上恰恰是某一“公”意识的投射或反映。因此，讨论中国人的“私”时，切不可脱离那个时代的主流意识形态所主张的“公”的意识。

总之，在集体化时期，农民在公开场合所表现的集体主义行动逻辑更多的是一种“表达性现实”，一些农民的“损公肥私”“闹单干”等行为更可能是一种“客观性现实”。在一个全能主义②的“强国家”之下，“社会”不得不处于隐伏的状态，在这样奇怪的“国家—社会”架构中，农民公开表达的行为逻辑和私下实践的行为逻辑不得不分离，仿佛一个庞大的国家—社会剧场一般，人们在前台的表演与其幕后的行动相区别。

三、个体化进程中的中国农民行为逻辑

改革开放以后，农民逐渐从社会主义集体中脱身出来，农业生产基本上都是家庭经营，农民可以自由地流动、外出务工，除了土地在名义上仍然属于集体以外，农民跟集体几乎没有任何其他实质性关联，农民摆脱了华尔德（Andrew Walder）所说的对集体的“组织性依附”③。与此同时，

---

① 邱梦华. 中国农民公私观念的变迁——基于农民合作的视角［J］. 内蒙古社会科学（汉文版），2008（6）.

② “全能主义”（totalism）是邹谠提出来的概念，“它指的是一种指导思想，即政治机构的权力可以随时地、无限制地侵入和控制社会每一个阶层和每一个领域。‘全能主义政治’则是以这个指导思想为基础的政治社会，但仅限于表达政治与社会关系的某一种特定形式，并不涉及该社会中的政治制度和组织形式”。邹谠. 二十世纪中国政治：从宏观历史和微观行动的角度看［M］. 牛津：牛津大学出版社，1994：69.

③ 〔美〕华尔德. 共产党社会的新传统主义：中国工业中的工作环境和权力结构［M］. 龚小夏，译. 牛津：牛津大学出版社，1996.

国家也有选择地从乡村社会隐退，除了计划生育、治安维稳以外，国家权力极少干预农民的日常生活。这就在客观上为乡村社会让渡了一定的“空间”，但是，“社会”自身并没有适时地组织起来，相反地，乡村社会却日趋“个体化”。

这一“个体化”尽管与贝克（Ulrich Beck）、鲍曼（Zygmunt Bauman）、吉登斯（Anthony Giddens）等所论的晚期资本主义社会个体化在表面上有很多相似之处，但在本质上却不相同。相似之处是，二者都是从“总体性社会”中“脱嵌”（disembedment）出来，个人从家庭、亲属关系、社群（社区）和阶级等结构性藩篱中“解脱”出来，社会本身也因此进一步分化和多元化。

在具体的个体化路径及其本质内容方面，中国乡村社会的个体化更加不同于西方发达社会的个体化。恰如贝克所言，“与欧洲相比，中国的个体化路径是在以一种与众不同，甚至是相反的、受时间限制的顺序发展。中国在个体化尚未得到宪法的支持之前就已经对经济以及日常文化和消费主义的劳动力市场实行了新自由主义式的解除管制……这种倒置所导致的一个结果是，已经废除社会保障及其对于集体的义务的权威国家通过在个人周围布下紧密的控制之网，对要求政治参与的呼声这一个体化进程的内在要求设定了明确的限制条件”①。也就是说，中国乡村社会的个体化首先并主要地发生在私人领域和经济领域，而在公共领域里与个体化要求相应的个体自由与个体参与的政治并没有得到同步发展。而且，这种日渐崛起的、受限于生活领域的个体“已显示出强调权利而忽视义务和他人个体权利的趋势”，自我主义则盛行于无公德的个人间的交往中②。它跟自由与权

---

① ［德］乌尔里希·贝克，伊丽莎白·贝克－格恩斯海姆. 前言：个体化的种类［M］//贺美德，鲁纳. “自我”中国：现代中国社会中个体的崛起. 许烨芳，等译. 上海：上海译文出版社，2011.

② 阎云翔. 导论：自相矛盾的个体形象，纷争不已的个体化进程［M］//贺美德，鲁纳. “自我”中国：现代中国社会中个体的崛起. 许烨芳，等译. 上海：上海译文出版社，2011.

利、责任与义务相统一的西方社会中的个体并不相同，尽管鲍曼认为西方的个体化具有“强迫和强制的自主性”，但是他同时强调：“‘个体化’在于，把人的‘身份’从‘既定的东西’转变成一项‘责任’，要求行动者承担执行这项任务的责任，并对其行为的后果（包括副作用）负责。”①现代社会结构在迫使人们成为积极、自主的个体的同时，使人们必须对所面临的问题承担全部责任。然而，在中国乡村社会崛起的个体往往只主张自己的自由和权利，却忽视自己应当承担的责任和义务，阎云翔把这些个体称为“无公德的个人”②。

而且，正在中国乡村社会发生的个体化，至少在目前尚无迹象显示，它会再次以一定的形式结合或联结起来。然而在贝克看来，个体化既包含“脱嵌”，又包括“再嵌入”（reembedment）。“脱嵌，即个体从历史限定的、在支配和支持的传统语境意义上的社会形式与义务中撤出（解放的维度）；与实践知识、信仰和指导规则相关的传统安全感的丧失（祛魅的维度）；以及再嵌入——其含义在此已转向与个体化的字面意义完全相反的一面，即一种新形式的社会义务（控制或重新整合的维度）”③。吉登斯也指出，所谓“脱域”（disembeding）是指人们的社会关系从互动的地域性或地方性场景中“挖出来”（lifting out）或“抽离化”，并使社会关系在无限的时空地带中“再联结”起来④。

因此，相对而言，中国乡村社会的个体化是一个不完整的个体化。“换句话说，中国的个体化进程确实给个体公民带来了更多的流动、选择和自由，但国家却没有给予相应的制度保障与支持。中国的个体为了寻求

---

① 〔德〕乌尔里希·贝克，伊丽莎白·贝克-格恩斯海姆．个体化［M］．李荣山，范譞，张惠强，译．北京：北京大学出版社，2011：序二．

② 阎云翔．私人生活的变革：一个中国村庄里的爱情、家庭与亲密关系（1949—1999）［M］．龚小夏，译．上海：上海书店出版社，2006：261．

③ BECK U. Risk Society：Towards a New Modernity［M］. RITTER M，Trans. London：Sage Publications，1992：128.

④ 〔英〕安东尼·吉登斯．现代性与自我认同［M］．赵旭东，方文，译．北京：生活·读书·新知三联书店，1998：19．

一个新的安全网，或者为了再嵌入，被迫回到家庭和私人关系网络中寻求保障，等于又回到他们脱嵌伊始的地方。”① 不过，现今的家庭和私人关系网络再也不同于以往了。“在传统关系模式中，个人是为了延续其家庭而存在，不是为了服务于个体的需要而创造家庭”，如今“家庭不断变动以服务于个体对其如何参与家庭制度实践的需要，而传统已经失去了其绝对权威”。② 在私人的交往方面，人际关系变成了待价而沽的交易关系——当人们在行动时，总是要问自己“我能从中得到什么好处?”。正是因为过分注重这种交易关系，以至于把社会关系量化为金钱的形式③。农村社区邻里之间传统的互惠性换工、帮工、互助、合作在越来越多的地方已不复存在，无论是在生产上还是在日常生活上农民之间的劳动关系变成了即时性的金钱交易。社区内人际关系的金钱化，既从根本上削弱了传统的农村社区认同，也从根本上消解了传统农村社区自身。随着货币关系的泛化，农民之间越来越原子化，缺乏有效结合而处于独立无援的状态④。处于个体化状态中的农民，不仅“为自己而活”，而且只能“靠自己而活”。

在这样的个体化社会中，农民特别是年轻一代农民已经不存在任何“公”或“集体”的意识了（人们在口头上间或提起一两句“公”或“集体”的话语，也仅仅是一种工具性使用，其根本目的是维护他们的私利）。于是，人们对“私”的界定也因之更加随意且主观。一方面，“私”的范畴可以随意变动；另一方面，人们对“私”的界定不再有共同认可的标准。

---

① 阎云翔. 中国社会的个体化［M］. 陆洋，等译. 上海：上海译文出版社，2012：343.

② 阎云翔. 导论：自相矛盾的个体形象，纷争不已的个体化进程［M］//贺美德，鲁纳. “自我”中国：现代中国社会中个体的崛起. 许烨芳，等译. 上海：上海译文出版社，2011：22.

③ ［英］保罗·霍普. 个人主义时代之共同体重建［M］. 沈毅，译. 杭州：浙江大学出版社，2010：60－61.

④ 邱梦华. 中国农民公私观念的变迁——基于农民合作的视角［J］. 内蒙古社会科学（汉文版），2008（6）.

尤其是在一个快速流动、急剧转型的个体化社会里，人与人的交往是在一种不稳定的、不确定的陌生环境中进行的。大量青壮年农民外出打工，许多需要也可以通过即时性的交易得到满足，较为稳固的家庭、社群因此变得可有可无。个体化农民不但从乡村集体解放出来，还从传统的家庭关系中脱嵌出来，并处于一种原子化的流散状态。总之，在这样一种个体化社会中，农民的行为逻辑日渐带有功利性、随意性、即时性的特征。

这一个体化其实也是由特定的"国家—社会"建构的。诚如贝克所论，"原则上，不管是在欧洲还是中国的大环境下，个体化和国家之间都存在着一种密切的联系。然而，这种联系可以呈现出完全不同的形式，甚至可以指向直接对立的方向"。他进一步指出，"在中国个人正在变得越来越重要，但并不是像欧洲那样发生在制度上得到保障的架构中，并基于公民、政治、社会等方面的基本权利之上，而这些权利正是在欧洲第一次现代性期间通过政治斗争所争取到的。相反，中国个体化进程与众不同的恰恰在于一个事实，即这些目标仍然是斗争的目的，而斗争的结果却尚无定论。换言之，关键的区别在于，在个人与国家之间，是否具有一个神圣不可侵犯的个人基本权利的空间"①。发生在中国社会的个体化，在相当程度上是由国家有意识推动的，其初衷在于"搞活经济""解放生产力"，将农民从社会主义集体藩篱中"解放"出来，使个体获得自主发展经济的积极性和主动性，在市场经济的海洋之中自由地徜徉；然而，国家却并没有及时地为这些解放的个体铺设必要的且稳固有力的社会保障体系，提供相应的基本公共服务。与此同时，"社会"本身又没有适时进行必要的重新联结，这一方面是因为受到国家的某些限制，另一方面是因为社会缺乏相应的联结机制。在这样一种扭曲、失衡的国家—社会关系中，那些"解放"的个体不得不"靠自己而活"。为此，其行为逻辑必然地以个体这个原点

---

① 〔德〕乌尔里希·贝克，伊丽莎白·贝克－格恩斯海姆. 前言：个体化的种类［M］//贺美德，鲁纳. "自我"中国：现代中国社会中个体的崛起. 许烨芳，等译. 上海：上海译文出版社，2011.

随意地编织。

四、“国家—社会”视域中的农民行为逻辑

从本质主义来论述农民的行为逻辑，显然忽视了农民所处的历史社会条件，试图找寻出普遍的农民行为逻辑，其结果必然是徒劳无功的，因为从来不存在这样普适的、超历史的农民行为逻辑。

在传统社会时期，“国家”权力在乡村社会只具有象征性意义，农民的行为逻辑更主要地由乡村社会塑造。在“伦理本位”的社会中，人们遵从的是“互以对方为重”的行为逻辑；在“差序格局”的社会中，人们的行为逻辑建立在“以‘己’为中心”的基础上。而且，不同的乡村社会结构，使农民结成不同的基本行动单位。

在集体化时期，全能主义国家不但将其权力直接嵌入乡村社会，而且自上而下地建立了“无所不包”的一体化政治体系。这个时候，乡村社会本身的空间不但大大压缩，而且基本上处于一种隐伏状态。农民在公开的场合，遵循着集体主义行为逻辑；但是，在私底下仍然维持着一贯的行为逻辑，家庭的利益才是他们最终关心的。因此，农民家庭与社会主义集体始终存在一种或隐或显的冲突和紧张关系，如何维持二者之间某种程度的平衡成为当时国家农村政策调整的一根主线，也就是说，在保障集体利益的前提下如何最大限度地调动农民家庭的积极性，是那个时候国家不得不考虑的一个实际问题。

到了 1978 年，国家不得不首先在农业生产领域做出让步，承认家庭经营的合理性要求，农民从农业集体生产中解放出来，从而极大地激发了他们农业生产的积极性。随后农业家庭经营的改革很快地扩展到整个经济领域，并最终迈向经济市场化改革。国家所推行的经济改革，“将经济从国家的支配型社会主义机制中‘解放’出来，同时，将个人从无所不包的城市单位和村集体等社会主义机构中解放出来。这导致了一种有限的、国家认可的个体化过程，在此过程中，个人被告知必须发挥自己的主观能动

性，而中国社会主义安全网却消失殆尽”①。这就为“靠自己而活”“为自己而活”的个体化开启了进程。随着社会的快速流动和社会的急剧转型，这些崛起的个体不但从集体、单位、社区乃至家庭中脱嵌出来，而且从传统的规范中脱嵌出来，成为无依无靠、无拘无束的“自由人”（但这种自由也仅仅限于个人的私域）。与此同时，社会本身也没有适时地重新联结起来，它不能为这些崛起的个体制定行动规范。在这种不完整的、不健康的个体化进程中，越来越多的“无公德的个人”被“生产”出来。

概而言之，农民的行为逻辑其实是由国家—社会建构的。有什么样的国家—社会形式，就会产生什么样的农民行为逻辑。

① 〔德〕乌尔里希·贝克，伊丽莎白·贝克-格恩斯海姆. 前言：个体化的种类［M］//贺美德，鲁纳. “自我”中国：现代中国社会中个体的崛起. 许烨芳，等译. 上海：上海译文出版社，2011.

全面小康社会的城乡基层社会治理共同体建设

2020 年是全面建成小康社会目标的实现之年，自此以后我国将迈进全面小康社会新时代。全面建成小康社会以后，更要加强和创新城乡基层社会治理，积极探索城乡基层社会良序善治机制，从而更好地促进国家治理体系和治理能力现代化。党的十九届四中全会决定提出，“完善党委领导、政府负责、民主协商、社会协同、公众参与、法治保障、科技支撑的社会治理体系，建设人人有责、人人尽责、人人享有的社会治理共同体”①。它为加强和创新全面小康社会的城乡基层社会治理指明了方向，明确了内容。

本文在厘清全面小康社会的城乡基层社会治理共同体的概念内涵的基础上，探讨全面小康社会的城乡基层社会治理共同体建设的基本逻辑。这一城乡基层社会治理共同体，既是一种综合性共同体，超越了“管理有序、服务完善、文明祥和的社会生活共同体”；又是一种包容性共同体，它强调共建、共治、共享，确立了“一核多元”、政府主导式网络化治理结构。在这一城乡基层社会治理共同体建设中，乡镇街道实现从“行政末梢”到基层社会“治理枢纽”的转换，政党、国家和基层社会在此交汇融通合作，城乡基层社会治理迈向一种新的总体性治理。

---

① 中共中央关于坚持和完善中国特色社会主义制度　推进国家治理体系和治理能力现代化若干重大问题的决定［EB/OL］. 中国政府网，2019－11－05.

一、何为城乡基层社会治理共同体

作为党和政府的一个正式词汇，“社会治理共同体”最早见于2019年1月习近平总书记在中央政法工作会议上的讲话，他提出“要完善基层群众自治机制，调动城乡群众、企事业单位、社会组织自主自治的积极性，打造人人有责、人人尽责的社会治理共同体”①。后来又被写进同年10月底举行的党的十九届四中全会的决定之中，表述为“建设人人有责、人人尽责、人人享有的社会治理共同体”②。

那么，何为社会治理共同体呢？目前尚无统一的定义。从既有的学术文献来看，公维友（2014a）较早论述“治理共同体”和“社会治理共同体”。他在博士学位论文中，基于社会建构主义和治理理论的逻辑，建构了“治理共同体”概念。根据他的理解，“治理共同体”是指按照公共性规范和民主治理建构起来的多元治理主体之间的一种公共事务治理机制，这是一个价值共同体、一个目标共同体，也是一个利益共同体，多元的治理主体具有共同的价值、共同的目标和共同的利益。在另一篇论文中，他（2014b）进一步探讨了当代中国政府主导下的社会治理共同体的建构理路。他认为，在社会治理共同体建设中，核心是正确处理推进社区共治和社区自治的关系，关键是建立把公众参与嵌入社区的制度平台，把社区打造成社区组织和社区居民参与社会事务治理的重要平台和公共空间。他进一步提出，不再将社区当作行政末梢，而是将社区提升到与政府、社会组织等相平行的治理主体地位，推进社区居民能自主关心社区内公共事务，并进行组织行动，营造社区的生活共同体。在这篇文章中，他其实并未严格区分“治理共同体”和“社会治理共同体”。不过，他在建构“治理共同体”概念时，曾认为“治理共同体”是“政治共同体”的现代修辞，

---

① 习近平出席中央政治工作会议并发表重要讲话［EB/OL］．人民网，2019-01-16.

② 中共中央关于坚持和完善中国特色社会主义制度　推进国家治理体系和治理能力现代化若干重大问题的决定［EB/OL］．中国政府网，2019-11-05.

其实质是人类在政治生活中结成的类组织形式，是人类开展政治生活或者实行国家治理的基本方式（公维友，2014a）。基于此，我们是否可以认为，“治理共同体”是“国家的”，而“社会治理共同体”是“社会的”?

龚维斌（2020）则明确认为，社会治理共同体是社会共同体的一种形式，它“追求的是有机团结，是实现社会共同体的一种途径和手段，最终要从社会治理共同体迈向社会共同体”。然而，其他学者并未把“社会治理共同体”简单地视为“社会”和“治理共同体”的叠加，因此他们没有纠缠于“社会治理共同体”是不是“社会的”，或者纠结于“社会治理共同体”是不是“社会共同体”。对于郁建兴（2019）而言，“社会治理共同体”毋宁是“社会治理”和“共同体”两个概念的合并，他提出，将“社会治理”与“共同体”叠加使用，充分表达了党中央在社会治理方面的更高目标。他认为，社会治理共同体意指政府、社会组织、公众等基于互动协商、权责对等的原则，基于解决社会问题、回应治理需求的共同目标，自觉形成的相互关联、相互促进且关系稳定的群体。事实上，社会治理本身已经包含了合作和共识两个基本元素，蕴含了形成共同体的价值追求。由此可见，他主要是从社会治理角度对“社会治理共同体”进行界定和论述的。

王天夫（2020）则从这个词语的不同组合中跳脱出来，直接对“社会治理共同体”进行界定。不过，他又强调，社会治理共同体是社会治理的主体也是客体，是由这些参与其中的群体展开治理行动的。人人有责、人人尽责、人人享有，这里的“人人”不应该仅是指单个社会成员，很多时候是指共同组成社会的其他组织、单位、机构及团体等，无论是社会组织，还是政府机构，都是社会成员之一，所有这些一起构成社会治理共同体。

无论对“社会治理共同体”如何定义，在实践中人们一般都将它视为具体的共同体进行建设，否则就只停留在学理层面上而不具有现实指向。就像郁建兴、任杰（2020）所言，社会治理共同体建设必须是具体的、特殊的而非抽象的，必须是利益相容的而非互相排斥的，而且最好是小规模社会共同体（在此，他似乎也认同它是一种社会共同体）。否则，人人有责、人人尽责往往会沦为空洞的口号。这些具体的、特殊的社会治理共同体以一定的治理空间或载体为承载，比如家庭、组织，更常见的是村和社区。龚维斌（2020）提出，当前应以城乡社区为重点开展社会治理共同体建设，以和谐社区、活力社区为目标，强化社区居民的认同感和归属感。社区是社会治理共同体建设的最佳单元。加强社区共同体建设，破解重“区”轻“社”的问题，既是破解社区治理难题的重要任务，也是培育社会治理共同体的重要抓手。而在绝大部分实践案例中，基本上是把社区与社会治理共同体相提并论的，甚至将二者相等同。问题是，如果将社会治理共同体与社区（共同体）相等同，那又何必另造一个新概念呢？

从党的十九届四中全会决定的文本表述来看，社会治理共同体显然不是自然形成的一种共同体，而是需要（人为）去建设的共同体。笔者同意郁建兴、关爽（2014）的观点，之所以提出建设社会治理共同体，主要是为了解决社会问题、回应治理需求。进而言之，建设社会治理共同体一般可以分成两种类型：一种是基于消极意义的，建立这样的共同体以应对社会风险，解决社会治理的实际问题；另一种是基于积极意义的，建立这样的共同体是为了主动回应社会治理需求，增进社会的公共福利。当前城乡基层社会治理共同体的建设，实际上是两者的综合。

笔者并不赞同把社会治理共同体视为某种单一的共同体（无论它是国家的还是社会的共同体），不能简单地把它等同于社区、村、单位或者其他单一的甚至相互分离的某个具体的“组织”或“群体”，而是应该把它看作一种综合性共同体。这种综合性共同体同时体现在它的包容性上，它强调共建、共治、共享。在我国，这种共同体是“一核多元”、政府主导式的网络化治理结构。而且，在我国城乡基层，这种共同体又是复式或复调结构的。换言之，城乡基层社会治理共同体是包含乡镇街道、村或社区、村民组或小区甚至更加细小的单元、社会组织和公民个体的社会综合体。在这一治理共同体中，实行自治、法治和德治相结合的治理方式。从这个意义讲，这种社会治理共同体超越了“管理有序、服务完善、文明祥和的社会生活共同体”，因为后者仅指社区这种单一的城乡基层共同体。

特别是进入全面小康社会以后，建设城乡基层社会治理共同体显得尤为重要。在我国，全面建设小康社会与改革开放的历史进程几乎同步前行。早在改革开放之初邓小平同志就提出建设小康社会的目标，经过努力奋斗在20世纪末人民生活总体上达到小康水平。2002年党的十六大提出全面建设惠及十几亿人口的更高水平的小康社会的奋斗目标，设定的实现时间为2020年。2012年党的十八大又对实现小康社会目标作出全新部署，把“全面建设”改为“全面建成”，这一字之差反映了全面小康社会从侧重建设过程向突出完成时态的战略提升。按照党中央的战略部署，今年是全面建成小康社会的实现之年。40余年来，我国城乡基层治理基本上沿着“政社分开”的逻辑展开、演进，与此同时，我国城乡基层社会又适逢个体化转型。这一“政社分开”的结果，便是形成如今的“乡政村治”体制（城市基层也类似，不妨称为“街政社治”），事实上作为“行政末梢”的乡镇街道却在相当程度上“悬浮”于城乡基层社会之上；这一“个体化”转型的结果，便是形成如今高度离散、流动的城乡基层社会，这种社会仿佛是“建立在突发性的流沙上面的”（齐格蒙特·鲍曼，2012）。很显然，这样一个悬浮型基层政权和流沙状的城乡基层社会，是不可能实现有效治理的。二者相互叠加，进一步加剧了城乡基层治理困难。悬浮型政权说明基层政权与基层社会之间是脱嵌的，相互之间缺乏必要的关联；流沙状基层社会说明人与人之间缺乏稳定紧密的社会联系，城乡基层到处都是原子化的“精致利己主义者”，这样的城乡基层社会更谈不上具有公共性。正因为如此，才适时提出“建设人人有责、人人尽责、人人享有的社会治理共同体”。因此，从这个意义上而言，建设城乡基层社会治理共同体，必将成为全面建成小康社会的一项重大现实课题。

二、乡镇街道从“行政末梢”到基层社会“治理枢纽”的转换

城乡基层社会治理共同体不是独立于现有的城乡基层治理体系和结构，而是对既有基层治理体系和治理结构的改造和重构。

首先，在城乡基层社会治理共同体建设中，乡镇街道要实现从“行政末梢”到基层社会“治理枢纽”的转换。

自20世纪80年代初期恢复重建乡镇街道以来，乡镇政府和街道办事处便成为我国高度集中、层级分明的行政体系的“末梢”。尽管街道办事处被定义为“市辖区和不设区的市人民政府的派出机关”，但绝大部分城市普遍实行的是“两级政府、三级管理”行政体制，街道办事处在现实运作中成为与乡镇政府一样的基层行政组织（吴侗，2019）。在乡镇街道以下，则实行村民自治或居民自治。

近几年，一些地方的乡镇街道改革的主要趋向，是把“行政末梢”的乡镇街道转变为基层的“治理枢纽”（张艳芳，2020）。其中，影响最大的是北京市的“街乡吹哨、部门报到”改革。这项改革的主要内容就是给乡镇街道赋权，使之成为基层治理的“枢纽”。这种做法，也被推广到社区和村。譬如，深圳市龙岗区提出把基层治理做成“枢纽工程”（张东方，2015），上海市徐汇区推动社区从“服务枢纽”到“治理枢纽”的转型（顾一琼，2019）。不久前，湖北省也出台系列文件，提出加强城市基层社会治理，不仅要求健全完善“街道吹哨、部门报到”，而且还积极推行“社区吹哨、党员报到”机制。实际上，2019年年初，中共中央办公厅、国务院办公厅印发的《关于推进基层整合审批服务执法力量的实施意见》开篇便提出，“基层是党和政府联系人民群众的纽带、服务人民群众的平台。基层管理水平直接关系人民群众生产生活，决定着党执政的社会基础和执政能力、国家治理的根基和水平”。其主要内容是：综合设置基层审批服务机构；积极推进基层综合行政执法改革；整合基层网格管理和指挥平台；大力推动资源服务管理下沉；优化上级机关对基层的领导方式。其

目的就是推进基层“治理枢纽”建设。

很显然，作为“行政末梢”的乡镇街道和作为基层“治理枢纽”的乡镇街道是不同的。二者最大的分野在于“国家”与基层社会之间关系的不同：对于前者，“国家”往往处在基层社会之上，二者是相对的关系；对于后者，“国家”必须嵌入基层社会之内，并居于关键性位置，起着“枢纽”作用，二者是相融的关系。

众所周知，当从“国家”处在乡村社会之上来研究乡村治理时，往往衍生出几种常见且典型的乡村治理模式：一是传统中国的“绅治”模式，认为皇权止于县，县下由乡绅治理；二是近代中国的“经纪人”模式，盈利型经纪人崛起于“国家”和乡村社会之间，他们“上下其手”为己谋利，导致出现了国家政权“内卷化”问题（杜赞奇，2003）；三是计划经济时期的“总体性治理”模式，国家凌驾于乡村社会之上，对乡村社会进行总体性控制和管理；四是撤社建乡以后所确立的“乡政村治”模式，国家与乡村社会在“乡镇”和“村”之间进行界分，但这个模式却跳脱不出“乡村关系行政化”的困局；五是农村税费改革后一些学者所提出的“悬浮型政权”模式，整个国家悬浮于乡村社会之上（周飞舟，2006）。尤其是乡村社会个体化转型以后，许多地方的农民演变成为一个个分散的“原子”，国家面对一个“一盘散沙”和“空心化”的乡村更加难以进行有效治理。总体而言，“国家”处在乡村社会之上这种关系视角所注重的是，国家对乡村社会的控制、干预，简言之，它主要关注国家的基础性权力（infrastructural power）（迈克尔·曼，2002）。很明显，这种“国家”居于基层社会之上的关系，不可能建成真正的城乡基层社会治理共同体。也就是说，只有“国家”内嵌于城乡基层社会之中，党的基层组织、基层政府和社区、社会性组织乃至公民才有可能基于一定的机制形成某种网络化治理结构，建立合作共治关系，最终结成城乡基层社会治理共同体。

三、资源下沉与城乡基层社会治理单元的再造

正如前文所指出的，城乡基层社会治理共同体是一个综合性共同体，这一共同体建设既涉及乡镇街道从“行政末梢”到基层“治理枢纽”的转换，又涉及城乡基层社会治理下沉和城乡基层治理单元的再造。

推动社会治理和服务重心向基层下移，把更多资源下沉到基层，更好提供精准化、精细化服务。对此，不能简单地把它孤立地理解为推进社会治理的一种方式或技术性路径，而应把它视为城乡基层社会治理共同体建设的一项重要内容，具有重大的体制性价值。

“把更多资源下沉到基层”，目的是给城乡基层社会治理共同体赋权增能，通过它“实现政府治理和社会调节、居民自治良性互动，夯实基层社会治理基础”，从而构建“共建共治共享”新时代城乡基层社会治理新格局。这里所说的下沉到基层的“资源”，不仅指物质资源、经济资源、人力资源，还包括权威资源、行政资源、体制资源。也就是说，通过系统性赋权增能，提升城乡基层社会治理共同体的治理能力，其理想状态是实现城乡基层社会治理共同体的自我治理，成为“自洽性共同体”。借用官方语言，就是“使基层有人有物有权，保证基层事情基层办、基层权力给基层、基层事情有人办”①。长期以来，困扰城乡基层的是资源匮乏、权小事多责任重，以致它们根本无力提供基本的公共服务，遑论实施有效治理。因此，给城乡基层下放更多的资源和权能，就是增强城乡基层社会治理共同体的治理能力。

对于城乡基层社会治理共同体而言，“提供精准化、精细化服务”是其主要的职能。换言之，城乡基层社会治理共同体通过提供精准化、精细化服务，实现有效治理。反过来说，为了能够“提供精准化、精细化服

① 中共中央办公厅，国务院办公厅．关于推进基层整合审批服务执法力量的实施意见［EB/OL］．中国政府网，2001－01－31．

务”，就必须对城乡基层社会治理共同体建设提出相应的要求：一是国家对城乡基层社会治理共同体进行必要的赋权增能；二是建立健全城乡基层服务体系，进一步优化网格化服务，改善基层服务的可及性，从而提升服务效能；三是建立民众需求表达机制，使基层服务与民众需求有效对接；四是进一步完善民众参与机制，在不断参与中增强对城乡基层社会治理共同体的认同感，培育公共精神，建构社会公共性。如此，才能“建设人人有责、人人尽责、人人享有的社会治理共同体”。

在下沉更多资源的同时，还需改造城乡基层社会治理单元，让这些社会治理单元成为城乡基层社会治理共同体的活性（活力）因子。

四、自治、法治与德治相结合

在城乡基层社会治理共同体中，采用自治、法治、德治相结合的治理方式。党的十九届四中全会决定提出“健全党组织领导的自治、法治、德治相结合的城乡基层治理体系”，这里所指的“城乡基层治理体系”实际上就是城乡基层社会治理共同体。

然而，在此之前，“自治、法治、德治相结合”主要适用于“乡村”。譬如，党的十九大报告提出的是，“健全自治、法治、德治相结合的乡村治理体系”；2019 年中央一号文件则强调，“增强乡村治理能力。建立健全党组织领导的自治、法治、德治相结合的领导体制和工作机制”。而从各地具体的实践和相关的理论研究来看，又主要将它运用于“村”。正是基于这样的理解，关于自治、法治、德治如何“相结合”便产生了“一体两翼论”“三治融合论”“多类型组合论”等各种不同的认识（钟海、任育瑶，2020）。而在党的十九届四中全会决定中，则将“自治、法治、德治相结合”进一步扩展到城乡基层。

另一个值得注意的是，许多人在理解和讨论“自治、法治、德治相结合”时，他们针对的主要是村民自治主体。这个村民自治主体一般是指村民小组和村委会，但不少人又直接把它等同于村民，以致造成一种误解，认为村民在“自治”的同时要注重“德治”和“法治”，最终将“自治”“法治”和“德治”都一齐指向村民，沦为“治理村民”的修饰语。依据这种逻辑，所谓的“乡村治理”便是“治理乡村”，“乡村”或“乡村人民”成为被治理的对象；所谓的“社会治理”便是“治理社会”，“社会”或“社会大众”成为被治理的对象。

因此，对于我们准备建设的城乡基层社会治理共同体而言，笔者更愿意从城乡基层不同的社会治理领域来理解“自治、法治、德治相结合”。在这个城乡基层社会治理共同体中，它至少涵盖着三个主要治理领域，即城乡基层公共事务的治理、城乡基层公共行政的治理和城乡基层人民生活领域的治理。不同的社会治理领域，适用不同的治理方式。

城乡基层公共事务的治理，主要是原来“村民自治”“居民自治”领域的治理，包括村和社区“两委”的建设、村民自治或居民自治、公共服务和城乡人民对村庄社区公共事务、公共建设和公共事业的民主参与等。对于城乡基层公共事务的治理，重在深化“自治”。

城乡基层公共行政的治理，主要是规范城乡基层政府和接受行政事务委托的村社组织的公共行为，使其行为在法治的轨道上运行，从根本上维护、保障、增益城乡人民的权益和福祉。对于城乡基层公共行政的治理，重在坚持“法治”。

城乡基层人民生活的治理，主要是调适城乡基层民众的人际关系，营造家庭和睦、邻里和谐、干群融洽的氛围。其核心内容是城乡基层社会道德伦理的重构，一方面要传承、弘扬优秀的传统道德规范和伦理精神；另一方面要紧跟时代发展，建立与公民要求相统一的现代道德规范和伦理精神。换言之，就是以社会主义核心价值观为引领，推进社会公德、职业道德、家庭美德、个人品德建设；推进诚信建设，强化城乡人民的社会责任意识、规则意识、集体意识、主人翁意识。对于城乡基层人民生活的治理，重在提升“德治”。

其中最关键的，还是充分发挥城乡人民的主体性作用，在城乡社区治理、基层公共事务和公益事业中广泛实行群众自我管理、自我服务、自我教育、自我监督。一套好的城乡社会治理体系、一个好的城乡基层社会治理共同体，最终都必须依靠好的公民去运行。除了完善城乡基层群众自治制度，使自治与法治、德治有机结合，还要努力提升城乡人民的自治能力，尊重城乡人民的自治主体性，同时不断扩大群众性自治的范围，创造各种条件、扩大各种渠道，让他们有机会、更主动、更有效地参与自治。在参与自治的同时，培育城乡人民的公共精神、责任感，从而最终形成“人人有责、人人尽责、人人享有的社会治理共同体”。

五、政党、国家和基层社会交汇融通合作

进入全面小康社会，我国开启全面建设社会主义现代化国家的新征程。实现国家治理体系和治理能力现代化，是全面建设社会主义现代化国家的题中之义。而社会治理又是国家治理的重要方面。正是在这样新的时代背景下，党的十九届四中全会才提出“必须加强和创新社会治理，完善党委领导、政府负责、民主协商、社会协同、公众参与、法治保障、科技支撑的社会治理体系，建设人人有责、人人尽责、人人享有的社会治理共同体”①。因此，它一方面要求政党、国家和基层社会共同参与城乡基层社会治理共同体建设，另一方面又要求在建设城乡基层社会治理共同体中实现政党、国家和基层社会的交汇、融通和合作。

很显然，城乡基层社会治理共同体的建设主体不是单一的，而是多元的。这个建设主体，在我国包括政党、国家和基层社会。并且，这三个主体各自发挥着不同的作用，其中政党是领导核心，政府是主导力量，基层社会和民众积极协同、参与。从而在城乡基层社会治理共同体中，形成“一核多元”、政府主导式的网络化治理结构。

---

① 中共中央关于坚持和完善中国特色社会主义制度 推进国家治理体系和治理能力现代化若干重大问题的决定［EB/OL］. 中国政府网，2019－11－05.

仅从形式上看，城乡基层社会治理共同体似乎跟人民公社相近。计划经济时期的“三级所有、队为基础”的公社（commune）其实也是一种社会治理共同体。但是，二者毕竟在本质上不同，人民公社这样的社会治理共同体只是当时那个庞大的国家治理共同体的一个组成部分而已，它与全能主义国家遵循相同的总体性治理逻辑。在这种高度国家化的社会治理共同体中，人民公社取代了一切的国家的和社会的组织。正是这样自上而下的国家政权组织体系建构，像一个巨大的网一样，把原来分散的小农及星罗棋布且互不隶属而形成蜂窝状的千百万个村庄笼罩于其中。“国家力量以历史上前所未有的深度和广度渗透于基层社会生活，使国家政权的根牢固地扎在乡村底层。由此形成的国家与农民的关系是：农民在政治上高度依附于国家，在经济上和社会上高度依附于人民公社，在人身上高度依附于从公社到生产队的各级干部”（应星，2014）。人民公社似乎发挥着“钢筋”和“水泥”的功效，将分散的小农彻底地“组织起来”。究其实质，乃是组成一个“国家覆盖社会”或政治一体化的体系。

全面小康社会所要建设的城乡基层社会治理共同体，是为了推进城乡基层社会治理现代化而由政党、国家和城乡基层社会共同构筑的一个全新的社会治理共同体，在这个全新的社会治理共同体中，政党、国家和基层社会进行必要的合作。借用哈贝马斯的概念，它更像一个城乡基层“公共领域”（哈贝马斯，2000），在这个领域中，政党、国家和基层社会通过合作，达成有效治理。简言之，政党、国家和基层社会之所以共同建设这样的城乡基层社会治理共同体，其主要目的是破解我国城乡基层社会治理中的“悬浮型政权”和“流沙状社会”两个交缠在一起的难题。因此，建设城乡基层社会治理共同体，不是对原始共同体社会的回归，更不是对人民公社的回归，而是通过某种“政治发明”，激励人们积极参与社会建设，形成更具公共性、包容性的基层社会（郁建兴、任杰，2020）。

总之，通过建设城乡基层社会治理共同体，政党、国家和基层社会在此交汇融通合作，城乡基层社会治理由此迈向一种新的总体性治理。这种新的总体性治理，完全不同于人民公社时期那种“国家”对基层社会进行笼罩式的总体性治理；这种新的总体性治理，乃是对当下城乡基层社会治理问题（特别是“悬浮型政权”和“流沙状”基层社会）进行系统性诊断以后所提出来的城乡基层社会治理方略（郎友兴，2015）；这种新的总体性治理，究其本质是“国家”与基层社会合作对城乡基层社会进行“体系化”（熊万胜、方垚，2019）、系统性治理。建设这样的城乡基层社会治理共同体将是一个长期的过程、一项系统性社会治理工程，不可能一蹴而就。

参考文献

一、书籍

[1]〔德〕哈贝马斯．公共领域的结构转型［M］．曹卫东，等译．上海：学林出版社，1999.

[2]〔德〕乌尔里希·贝克，伊丽莎白·贝克－格恩斯海姆．个体化［M］．李荣山，范譞，张惠强，译．北京：北京大学出版社，2011.

[3]〔德〕乌尔里希·贝克．风险社会［M］．何博闻，译．南京：译林出版社，2004.

[4]〔古希腊〕亚里士多德．政治学［M］．北京：商务印书馆，2007.

[5]〔美〕阿伦特．人的条件［M］．刘锋，译．北京：生活·读书·新知三联书店，1998.

[6]〔美〕杜赞奇．文化、权力与国家——1900—1942年的华北农村［M］．王福明，译．南京：江苏人民出版社，1994.

[7]〔美〕费正清，戈德曼．费正清论中国：中国新史［M］．薛绚，译．台北：正中书局股份有限公司，1994.

[8]〔美〕费正清．美国与中国［M］．张理京，译．北京：世界知识出版社，2002.

[9]〔美〕弗里曼，毕克伟，赛尔登．中国乡村，社会主义国家［M］．

陶鹤山，译. 北京：社会科学文献出版社，2002.

[10]〔美〕汉密尔顿，杰伊，麦迪逊. 联邦党人文集［M］. 北京：商务印书馆，1995.

[11]〔美〕华尔德. 共产党社会的新传统主义：中国工业中的工作环境和权力结构［M］. 龚小夏，译. 牛津：牛津大学出版社，1996.

[12]〔美〕吉尔伯特·罗兹曼，等. 中国的现代化［M］. 国家社会科学基金"比较现代化"课题组，译. 南京：江苏人民出版社，1995.

[13]〔美〕加布里埃尔·A. 阿尔蒙德，小 G. 宾厄姆·鲍威尔. 比较政治学：体系、过程和政策［M］. 曹沛霖，等译. 上海：上海译文出版社，1987.

[14]〔美〕理查德·桑内特. 公共人的衰落［M］. 李继宏，译. 上海：上海译文出版社，2008.

[15]〔美〕马克·赛尔登. 革命中的中国：延安道路［M］. 魏晓明，冯崇义，译. 北京：社会科学文献出版社，2002.

[16]〔美〕迈克尔·曼. 社会权力的来源［M］. 刘北成，李少君，译. 上海：上海人民出版社，2002.

[17]〔美〕詹姆斯·R. 汤森，布兰特利·沃马克. 中国政治［M］. 顾速，董方，译. 南京：江苏人民出版社，2003.

[18]〔挪威〕贺美德，鲁纳. "自我"中国：现代中国社会中个体的崛起［M］. 许烨芳，等译. 上海：上海译文出版社，2011.

[19]〔匈牙利〕卡尔·波兰尼. 巨变：当代政治与经济的起源［M］. 黄树民，译. 北京：社会科学文献出版社，2017.

[20]〔英〕安东尼·吉登斯. 现代性与自我认同［M］. 赵旭东，方文，译. 北京：生活·读书·新知三联书店，1998.

[21]〔英〕保罗·霍普. 个人主义时代之共同体重建［M］. 沈毅，译. 杭州：浙江大学出版社，2010.

[22]〔英〕克里斯·希林. 身体与社会理论［M］. 李康，译. 北京：

北京大学出版社，2010.

［23］〔英〕齐格蒙特·鲍曼．共同体［M］．欧阳景根，译．南京：江苏人民出版社，2007.

［24］〔英〕齐格蒙特·鲍曼．流动的恐惧［M］．谷蕾，杨超，等译．南京：江苏人民出版社，2012.

［25］〔德〕马克思，恩格斯．马克思恩格斯全集（第2卷）［M］．北京：人民出版社，1957.

［26］〔德〕马克思，恩格斯．马克思恩格斯选集（第1卷）［M］．北京：人民出版社，1995.

［27］〔德〕马克思，恩格斯．马克思恩格斯选集［M］．北京：人民出版社，1972.

［28］薄一波．若干重大决策与事件的回顾（上卷）［M］．北京：中共中央党校出版社，1991.

［29］北京市农村经济研究中心．北京市农村改革发展60年大事记（1949—2009年）［M］．北京：中国农业出版社，2010.

［30］陈锡文，罗丹，张征．中国农村改革40年［M］．北京：人民出版社，2018.

［31］陈益元．建国初期农村基层政权建设研究：1949—1957——以湖南省临澧县为个案［M］．上海：上海社会科学院出版社，2006.

［32］迟福林．中国农民的期盼：长期而有保障的土地使用权［M］．北京：外文出版社，1999.

［33］戴均良．中国乡镇政权建设概论［M］．北京：人民出版社，1991.

［34］费孝通．乡土中国　生育制度［M］．北京：北京大学出版社，1998.

［35］费孝通．中国绅士［M］．北京：中国社会科学出版社，2006.

［36］国家统计局．奋斗的四十年：1949—1989［M］．北京：中国统

计出版社，1989.

[37] 国家统计局．伟大的十年［M］．北京：人民出版社，1959.

[38] 何俊志，任军锋，朱德米．新制度主义政治学译文精选［M］．天津：天津人民出版社，2007.

[39] 何沁．中国革命史［M］．武汉：武汉大学出版社，1993.

[40] 黄宗智．中国乡村研究（第二辑）［M］．北京：商务印书馆，2003.

[41] 李德芳．民国乡村自治问题研究［M］．北京：人民出版社，2001.

[42] 李守经，邱馨．中国农村基层社会组织体系研究［M］．北京：中国农业出版社，1994.

[43] 梁开金，贺雪峰．村级组织制度安排与创新［M］．北京：红旗出版社，1999.

[44] 梁漱溟．梁漱溟全集（第2卷）［M］．济南：山东人民出版社，1990.

[45] 梁漱溟．中国文化要义［M］．上海：上海世纪出版集团，2005.

[46] 廖洪乐．中国农村土地制度六十年——回顾与展望［M］．北京：中国财政经济出版社，2008.

[47] 林毅夫．关于制度变迁的经济学理论：诱致性变迁与强制性变迁［M］．上海：上海人民出版社，1994.

[48] 林语堂．吾国吾民［M］．北京：中国戏剧出版社，2008.

[49] 刘泽华，等．公私观念与中国社会［M］．北京：中国人民大学出版社，2003.

[50] 罗汉平．农村人民公社史［M］．福州：福建人民出版社，2006.

[51] 罗红云．中国农村土地制度研究（1949—2008）［M］．上海：

上海财经大学出版社，2012.

[52] 罗荣渠．从“西化”到现代化：五四以来有关中国的文化趋向和发展道路论争文选（下册）[M]. 合肥：黄山书社，2008.

[53] 民政部基层政权建设司．全国村民自治示范工作经验交流暨城乡基层先进集体和先进个人表彰会议文件汇编 [G]. 北京：中国社会出版社，1996.

[54] 彭森，陈立．中国经济体制改革重大事件（上）[M]. 北京：中国人民大学出版社，2008.

[55] 彭真．彭真文选（一九四一——一九九〇年）[M]. 北京：人民出版社，1991.

[56] 荣敬本，等．从压力型体制向民主合作体制的转变 [M]. 北京：中央编译出版社，1998.

[57] 王贵宸．中国农村合作经济 [M]. 太原：山西人民出版社，2006.

[58] 温铁军．中国农村基本经济制度研究 [M]. 北京：中国经济出版社，2000.

[59] 吴思．血酬定律：中国历史中的生存游戏 [M]. 北京：中国工人出版社，2003.

[60] 武力．中华人民共和国经济史（上卷）[M]. 北京：中国时代经济出版社，2010.

[61] 辛秋水．中国村民自治 [M]. 合肥：黄山书社，1999.

[62] 辛逸．农村人民公社分配制度研究 [M]. 北京：中共党史出版社，2005.

[63] 阎云翔．私人生活的变革：一个中国村庄里的爱情、家庭与亲密关系（1949—1999）[M]. 龚小夏，译，上海：上海书店出版社，2006.

[64] 阎云翔．中国社会的个体化 [M]. 陆洋，等译. 上海：上海译文出版社，2012.

[65] 杨国枢．华人社会心理学（上册）[M]．重庆：重庆大学出版社，2008.

[66] 应星．农户、集体与国家——国家与农户关系的六十年变迁 [M]．北京：中国社会科学出版社，2014.

[67] 于建嵘．岳村政治 [M]．北京：商务印书馆，2004.

[68] 余英时．余英时学术思想文选 [M]．上海：上海古籍出版社，2010.

[69] 俞可平，等．中国公民社会的兴起与治理的变迁 [M]．北京：社会科学文献出版社，2002.

[70] 张德元，何开荫，等．变迁——安徽农村改革述论 [M]．合肥：安徽大学出版社，2007.

[71] 张厚安，白益华．县以下层次区划模式 [M]．成都：四川人民出版社，1993.

[72] 张厚安，徐勇．中国农村政治稳定与发展 [M]．武汉：武汉出版社，1995.

[73] 张军，周黎安．为增长而竞争：中国增长的政治经济学 [M]．上海：上海人民出版社，2008.

[74] 张乐天．告别理想：人民公社制度研究 [M]．上海：上海人民出版社，2005.

[75] 张良．乡村社会的个体化与公共性建构 [M]．北京：中国社会科学出版社，2017.

[76] 张晓山，李周．新中国农村60年的发展与变迁 [M]．北京：人民出版社，2009.

[77] 赵树凯．乡镇改革：检讨与展望——10省（区）20乡（镇）调查 [M]．北京：社会科学文献出版社，2005.

[78] 赵秀玲．中国乡里制度 [M]．北京：社会科学文献出版社，1998.

[79] 赵阳. 共有与私用——中国农地产权制度的经济学分析 [M]. 北京：生活·读书·新知三联书店，2007.

[80] 中共中央文献研究室. 三中全会以来重要文献选编（下册）[G]. 北京：人民出版社，1982.

[81] 中共中央文献研究室. 建国以来重要文献选编（第14册）[G]. 北京：中央文献出版社，1997.

[82] 邹谠. 二十世纪中国政治：从宏观历史和微观行动的角度看 [M]. 牛津：牛津大学出版社（中国），1994.

[83] WEISS L. 国家的神话：全能还是无能 [M]. 黄兆辉，译. 香港：上书局，2007.

[84] DAHL R A. 当代政治分析 [M]. 任元杰，译. 台北：巨流图书公司，1992.

[85] SMITH B. Decentralization：The Territorial Dimension of the State [M]. London：George Allen & Unwin，1985.

[86] BERNSTEIN T P，LV X B. Taxation without Representation in Contemporary Rural China [M]. New York：Cambridge University Press，2003.

[87] SCOTT J C. Weapons of the Weak：Everyday Forms of Peasant Resistance [M]. New Haven CT：Yale University Press，1985.

[88] RAWLS J. Political Liberalism [M]. New York：Columbia University Press，1993.

[89] ROSE R，PETERS G. Can Government Go Bankrupt? [M]. New York：Basic Books，1978.

[90] NEE V，STARK D，SELDEN M. Remaking the Economic Institutions of Socialism：China and Eastern Europe [M]. Stanford：Stanford University Press，1989.

[91] SHUE V. The Reach of the State：Sketches of the Chinese Body Politics [M]. Stanford：Standford University Press，1998.

[92] OATES W E. Fiscal Federalism [M]. New York: Harcourt Brace Jovanovich, 1972.

[93] POWELL W W, DIMAGGIO P J. The New Institutionalism in Organization Analysis [M]. Chicago: The University of Chicago Press, 1991.

二、期刊

[1] 〔日〕沟口雄三. 中国公私概念的发展 [J]. 国外社会科学, 1998 (1).

[2] 常利民. 村民小组是否可以取消 [J]. 中国乡村建设, 2009 (4).

[3] 陈蒨. 中国大陆和台湾的文化治理与空间营造 [J]. 中国季刊, 2011 (2).

[4] 陈硕. 分税制改革、地方财政自主权与公共品供给 [J]. 经济学 (季刊), 2010 (4).

[5] 陈锡文. 从农村改革四十年看乡村振兴战略的提出 [J]. 行政管理改革, 2018 (4).

[6] 程同顺, 赵一玮. 村民自治体系中的村民小组研究 [J]. 晋阳学刊, 2010 (2).

[7] 邓大才. 村民自治有效实现的条件研究——从村民自治的社会基础视角来考察 [J]. 政治学研究, 2014 (6).

[8] 付振奇. 村与组所有权: 村民自治有效实现的产权基础 [J]. 东南学术, 2016 (2).

[9] 傅勇, 张晏. 中国式分权与财政支出结构偏向: 为增长而竞争的代价 [J]. 管理世界, 2007 (3).

[10] 管清友, 邵鹏. 由财政压力引发的农民超负担 [J]. 上海经济研究, 2002 (7).

[11] 郭星华, 汪永涛. 农民行动逻辑的演变 [J]. 黑龙江社会科学, 2012 (4).

[12] 贺雪峰, 苏明华. 乡村关系研究的视角与进路 [J]. 社会科学

研究，2006（1）.

［13］贺雪峰．村民组与农民行动的单位——安徽肥西县小井村调查［J］．中共宁波市委党校学报，2005（6）.

［14］贺雪峰．公私观念与中国农民的双层认同——兼论中国传统社会农民的行动逻辑［J］．天津社会科学，2006（1）.

［15］胡家琪，明亮．农村公共产品供给的基础：公共权威——对重庆东北部四季村的调查［J］．乡镇经济，2009（8）.

［16］回良玉．以科学发展观为统领 积极发展现代农业 扎实推进新农村建设［J］．求是，2007（4）.

［17］景跃进．国家与社会边界的重塑［J］．江苏社会科学，2000（2）.

［18］孔卫拿，肖唐镖．财政转移支付、地方治理结构与中国农村基本公共品供给质量——基于2011年全国23省149村抽样调查的实证分析［J］．人文杂志，2013（12）.

［19］郎友兴．走向总体性治理：村政的现状与乡村治理的走向［J］．华中师范大学学报（哲学社会科学版），2015（2）.

［20］李浩昇．经济水平与村庄精英：分析农村公共产品供给的“二维四分”框架——以江苏4村为例［J］．南京农业大学学报（社会科学版），2010（3）.

［21］李里峰．土改结束后的乡村社会变动——兼论从土地改革到集体化的转化机制［J］．江海学刊，2009（2）.

［22］李永萍，慈勤英．村民小组：乡村治理的最小单元［J］．武汉大学学报（人文科学版），2017（5）.

［23］李芝兰，吴理财．“倒逼”还是“反倒逼”——农村税费改革前后中央与地方之间的互动［J］．社会学研究，2005（4）.

［24］廉如鉴，张岭泉．“自我主义”抑或“互以对方为重”——差序格局和伦理本位之间的一个尖锐分歧［J］．开放时代，2009（11）.

［25］林万龙．乡村社区公共产品的制度外筹资：历史、现状及改革［J］.

中国农村经济，2002 (7).

［26］刘炯．多中心体制：解决农村公共产品供给困境的合理选择［J］．农村经济，2005 (1).

［27］刘天军，唐娟莉，翟学喜，等．农村公共物品供给效率测度及影响因素研究——基于陕西省的面板数据［J］．农业技术经济，2012 (2).

［28］刘秀红．刍论村民小组的再定位［J］．理论导刊，2007 (10).

［29］刘永功，余璐．村庄公共产品供给机制研究［J］．中国农业大学学报（社会科学版），2006 (2).

［30］刘中建．对中国传统公私关系文化的反思［J］．中州学刊，2004 (3).

［31］马元喜，谭龙云．乡村自治结构下的村民小组研究——云南凤庆鲁史村的个案研究［J］．云南农业大学学报（社会科学），2019 (2).

［32］牛若峰．中国的“三农”问题：回顾与反思［J］．古今农业，2003 (3).

［33］平新乔，白洁．中国财政分权与地方公共品的供给［J］．财贸经济，2006 (2).

［34］乔宝云，范建勇，冯兴元．中国的财政分权与小学义务教育［J］．中国社会科学，2005 (6).

［35］邱梦华．中国农民公私观念的变迁——基于农民合作的视角［J］．内蒙古社会科学（汉文版），2008 (6).

［36］沈延生．村政的兴衰与重建［J］．战略与管理，1998 (6).

［37］盛洪．关于中国市场化改革的过渡过程的研究［J］．经济研究，1996 (1).

［38］石武英．1949—1952 年湖北省农村选举制度的构建和影响探析［J］．湖北社会科学，2016 (10).

［39］宋亚平．湖北省乡镇综合配套改革的实践与思考——关于“以钱养事”的几点认识［J］．决策与信息，2006 (10).

[40] 孙诗锦．清末民初的乡村自治［J］．中国国家博物馆馆刊，2011（2）．

[41] 唐鸣．从试点看以村民小组或自然村为基本单元的村民自治——对国家层面24个试点单位调研的报告［J］．中国农村观察，2020（1）．

[42] 田先红．村民小组治理：传统与变迁——基于成都平原W村的案例研究［J］．中国法律评论，2018（4）．

[43] 王惠林．乡村“微自治”的运行基础与实践机制——基于陕西关中村民小组治理的实践［J］．湖南农业大学学报（社会科学版），2019（1）．

[44] 王久高．“两票制”、“一肩挑”和“一制三化”模式探讨［J］．云南行政学院学报，2007（4）．

[45] 王世磊，张军．中国地方官员为什么要改善基础设施？——一个关于官员激励的模型［J］．经济学（季刊），2008（2）．

[46] 王淑娜，姚洋．基层民主和村庄治理——来自8省48村的证据［J］．北京大学学报（哲学社会科学版），2007（2）．

[47] 王宇雄，张益民．阎锡山早期编村制度评析［J］．晋阳学刊，1999（6）．

[48] 温家宝．不失时机推进农村综合改革 为社会主义新农村建设提供体制保障［J］．求是，2006（18）．

[49] 温锐．农民平均主义？还是平均主义改造农民——关于农村集体化运动与中国农民研究的反思［J］．福建师范大学学报（哲学社会科学版），2003（5）．

[50] 吴侗．新中国成立70年来的“街道办”：变迁及其逻辑［J］．经济社会体制比较，2019（6）．

[51] 吴理财，李芝兰．乡镇财政及其改革初探——洪镇调查［J］．中国农村观察，2003（4）．

[52] 吴士健. 试论农村公共产品供给体制的改革与完善 [J]. 农业经济, 2002 (5).

[53] 吴永明. 清末民初的地方自治论 [J]. 江西社会科学, 2001 (3).

[54] 武力. 1949—1978 年中国"剪刀差"差额辨正 [J]. 中国经济史研究, 2001 (4).

[55] 夏杰长, 陈雷. "乡财县管"改革的社会学分析——以安徽省G县为例 [J]. 经济研究参考, 2005 (77).

[56] 向勇, 孙迎联. 项目进村与微治理: 村民小组治理何以有效? ——基于涉农项目落地的多案例考察 [J]. 农村经济, 2020 (1).

[57] 项继权, 王明为. 村民小组自治的实践及其限度——对广东清远村民自治下沉的调查与思考 [J]. 江汉论坛, 2019 (3).

[58] 项继权. 改革40年: 农民和集体不断解放的过程 [J]. 华中师范大学学报 (人文社会科学版), 2018 (5).

[59] 项继权. 中国农村社区及共同体的转型与重建 [J]. 华中师范大学学报 (人文社会科学版), 2009 (3).

[60] 熊万胜, 方垚. 体系化: 当代乡村治理的新方向 [J]. 浙江社会科学, 2019 (11).

[61] 徐勇. 国家整合与社会主义新农村建设 [J]. 社会主义研究, 2006 (1).

[62] 徐勇. 农村微观组织再造与社区自我整合——湖北省杨林桥镇农村社区建设的经验与启示 [J]. 河南社会科学, 2006 (5).

[63] 徐勇. 在乡镇体制改革中建立现代乡镇制度——对税费改革后乡镇体制改革的思考 [J]. 社会科学, 2006 (7).

[64] 许纪霖. 大我的消解: 现代中国个人主义思潮的变迁 [J]. 中国社会科学辑刊, 2009 (26).

[65] 薛汉伟. 土地国有化、农业集体化、全面国有化——四论马克思恩格斯的国有制理论及现实 [J]. 北京大学学报, 2002 (5).

［66］严瑞珍，龚道广，等．中国工农业产品价格剪刀差的现状、发展趋势及对策［J］．经济研究，1990（2）．

［67］于建嵘．新时期中国乡村政治的基础与发展方向［J］．中国农村观察，2002（1）．

［68］郁建兴，关爽．从社会管控到社会治理——当代中国国家与社会关系的新进展［J］．探索与争鸣，2014（12）．

［69］郁建兴，任杰．社会治理共同体及其实现机制［J］．政治学研究，2020（1）．

［70］郁建兴．社会治理共同体及其建设路径［J］．公共管理评论，2019（1）．

［71］张法．主体性、公民社会、公共性——中国改革开放以来思想史上的三个重要观念［J］．社会科学，2010（6）．

［72］张厚安．乡政村治——中国特色的农村政治模式［J］．政策，1996（8）．

［73］张劲松，金太军．多重博弈：税费改革后乡村基础设施投入面临的困境［J］．中国行政管理，2003（6）．

［74］张军，高远，傅勇，等．中国为什么拥有了良好的基础设施？分权竞争、政府治理与基础设施的投资决定［J］．经济研究，2007（3）．

［75］张军．乡村价值定位与乡村振兴［J］．中国农村经济，2018（1）．

［76］张乐天．浙江省人民公社制度的变迁［J］．二十一世纪（香港），1998（8）．

［77］张人毅．农村税费改革对乡镇财政的影响与出路［J］．农村财政与财务，2000（9）．

［78］张晓山．简析中国乡村治理结构改革［J］．管理世界，2005（5）．

［79］赵晓峰．公私观念与传统中国农民的行动逻辑［J］．华中科技大学学报（社会科学版），2012（3）．

［80］郑法．农村改革与公共权力划分［J］．战略与管理，2000（4）．

[81] 郑卫东. 农民集体上访的发生机理 [J]. 中国农村观察, 2004 (2).

[82] 郑有贵, 罗贞治, 李成贵. 党的十一届三中全会以来我国农业政策的演变及其作用 [J]. 教学与研究, 1998 (12).

[83] 郑之问. 中国农村民主政治建设的基本方向——以秭归县农村民主建设为例 [J]. 湖北社会科学, 2005 (7).

[84] 钟海, 任育瑶. "三治融合" 乡村治理体系研究回顾与展望 [J]. 西安财经大学学报, 2020 (4).

[85] 周飞舟. 从汲取型政权到 "悬浮型" 政权——税费改革对国家与农民关系之影响 [J]. 社会学研究, 2006 (3).

[86] 周飞舟. 分税制十年: 制度及其影响 [J]. 中国社会科学, 2006 (6).

[87] 周黎安. 晋升博弈中政府官员的激励与合作——兼论我国地方保护主义和重复建设文体长期存在的原因 [J]. 经济研究, 2004 (6).

[88] 周黎安. 中国地方官员的晋升锦标赛模式研究 [J]. 经济研究, 2007 (7).

[89] 周业安. 中国制度变迁的演进论解释 [J]. 经济研究, 2000 (5).

[90] LOCKWOOD B. Distributive Politics and the Costs of Centralization [J]. Review of Economic Studies, 2002, 69 (2).

[91] BESLEY T, COATE S. Centralized Versus Decentralized Provision of Local Public Goods: A Political Economy Approach [J]. Journal of Public E-conomics, 2003, 87 (12).

[92] BARDAN P, MOOKHERJEE D. Decentralizing Antipoverty Program Delivery in Developing Countries [J]. Journal of Public Economics, 2005, 89 (4).

[93] BAY C. Needs, Wants, and Political Legitimacy [J]. Canadian Journal of Political Science, 1968, 1 (3).

[94] CHANG K S. The Second Modern Condition? Compressed Modernity as Internalized Reflexive Cosmopolitanism [J]. The British Journal of Sociology, 2010, 61 (3).

[95] TIEBOUT C C. A Pure Theory of Local Expenditures [J]. Journal of Political Economy, 1956, 64 (5).

[96] KEEN M, MARCHAND M. Fiscal Competition and the Pattern of Public Spending [J]. Journal of Public Economics, 1997, 66 (1).

[97] LI H B, ZHON L A. Political Turnover and Economic Performance: The Incentive Role of Personnel Control in China [J]. Journal of Public Economics, 2005, 89 (9-10).

[98] MAURO P. Corruption and the Composition of Government Expenditure [J]. Journal of Public Economics, 1998, 69 (2).

[99] BARDHAN P. Decentralization of Governance and Development [J]. Journal of Economic Perspectives, 2002, 16 (4).

[100] BESLEY T J, COATE S. Centralized Versus Decentralized Provision of Local Public Goods: A Political Economy Analysis [J]. Centre for Economic Policy Research Discussion Paper 2495, 2000.

[101] WALLIS J, OATES W. Decentralization in the Public Sector: An Empirical Study of State and Local Government [J]. NBER Chapters, 1988, 84 (1).

[102] JUSTMAN M. Infrastructure, Growth and the Two Dimensions of Industrial Policy [J]. Review of Economic Studies, 1995, 62 (1).

[103] TREISMAN D. Fiscal Decentralization, Governance, and Economic Performance: A Reconsideration [J]. Economics & Politics, 2006, 18 (2).

[104] FAGUET J. Does Decentralization Increase Government Responsiveness to Local Needs? Evidence from Bolivia [J]. Journal of Public Economics, 2004, 88 (4).